L'Évangile Éternel

Joachim de Flore

Traduit et annoté
par Emmanuel Aegerter

© 2024, Joachim de Flore (domaine public)
Édition : BoD • Books on Demand GmbH, In de Tarpen 42, 22848 Norderstedt (Allemagne)
Impression : Libri Plureos GmbH, Friedensallee 273, 22763 Hamburg (Allemagne)
ISBN: 978-2-3225-4235-2
Dépôt légal : Août 2024

AVERTISSEMENT DU TRADUCTEUR

La traduction qui suit n'est pas intégrale. La publication complète des textes qui composèrent, par leur réunion momentanée, l'*Évangile éternel*, eût exigé plusieurs volumes : il n'était pas possible, il n'était intéressant d'offrir au lecteur que les passages les plus caractéristiques de cette œuvre. Elle n'est pas judaïque. Les passages choisis abondent en redites qui peuvent frapper dans le latin barbare du XIIe siècle, mais qui hérisseraient la prose française : il n'était curieux, il n'était intéressant à dégager de ces âpres démonstrations que les idées essentielles, les directives de cette thèse qui eut au moyen âge, un si profond retentissement, et qui fut sur le point d'engendrer de si redoutables conséquences sociales.

La thèse de l'*Évangile éternel* est bien de Joachim. Mais le vieux prophète ne la codifia jamais sous ce titre mystérieux, et ne peut être tenu pour responsable d'un certain nombre de formules particulièrement subversives qu'y glissèrent quelques-uns de ses plus fougueux et de ses plus dangereux disciples. L'histoire compliquée de l'*Évangile éternel*, les longues incertitudes de la critique à l'égard de cette œuvre sont explicables par ce mélange de textes authentiques et d'additions apocryphes. La difficulté de les discriminer avec certitude et de saisir l'auteur responsable des additions dut rendre plus ardue sur le moment la tâche du tribunal dans le procès ecclésiastique ; et, plus tard, l'impossibilité de se procurer un exemplaire de l'ouvrage (le dernier volume portant ce titre a disparu depuis longtemps) a même permis à certains érudits de soutenir, au cours du siècle dernier, que ce titre d'*Évangile éternel*, désignait en réalité un corps de doctrine purement verbal, et dont le résumé aurait été simplement rédigé sous la forme d'un mince opuscule[4]. Depuis une soixantaine d'années cette thèse n'est plus soutenable ; Renan a parfaitement mis au point cette question dans son chapitre des *Nouvelles Études religieuses* consacré à Joachim de Flore et clairement démontré que l'*Évangile éternel*, consistait dans la réunion des trois principaux ouvrages de Joachim : *La Concorde de L'Ancien et du Nouveau Testament, L'Exposition de l'Apocalypse*, et *Le Psaltérion décacorde*, fortement interpolés et précédés de ce *Liber Introductorius* dans lequel Daunou voulait voir la synthèse unique et succincte du système.

L'œuvre de Joachim servit ainsi de signe de ralliement et fournit des idées religieuses, tout un plan d'organisation de l'histoire, à une foule d'esprits inquiets et ardents. Au XIIIe siècle, le monde occidental, en pleine ébullition mystique demandait, réclamait violemment une révélation nouvelle : un instant il crut la trouver dans ces livres.

L'effervescence était extrême, mais ses manifestations en paraissaient assez confuses. Tout d'abord, la lutte se poursuivait furieuse, entre les moines et les séculiers, particulièrement pour la possession des chaires universitaires : les grands ordres, en effet, n'acceptaient pas les statuts de l'Université. Des difficultés se produisaient également entre ces Ordres, et enfin de sourdes divisions grandissaient entre certains d'entre eux, et surtout au sein du plus mystique, de celui des Franciscains.

Le principe de la pauvreté absolue, certaines prescriptions rigoureuses édictées par saint François apparaissaient en effet difficilement applicables dans la vie quotidienne, et le Frère Élie, au cours des vicissitudes de son généralat, tour à tour élu, déposé, réélu, finalement excommunié, s'était efforcé d'adoucir les obligations primitives.

Le Saint-Siège avait, depuis, appuyé cette réforme par certaines décisions, notamment par celles qui établissaient la distinction entre la propriété et l'usufruit. Mais les frères, qu'animait la flamme des premiers jours franciscains résistèrent avec énergie contre cet affadissement de l'idéal. Ils furent les *spirituels* et, réagissant contre leurs frères eux-mêmes en lutte avec les séculiers, se révélèrent irréductibles.

Ces fervents, en quête d'une réorganisation de l'humanité sur les plans de saint François, trouvèrent dans l'œuvre de Joachim une conception de l'histoire qui les séduisit. Ils furent particulièrement frappés par l'importance extrême accordée dans cette œuvre au développement et à l'avenir des ordres monastiques dont l'autorité sur la terre était liée au règne de l'Esprit Saint. Ils se trouvaient ainsi sacrés pour une haute mission.

Aussitôt ils complétèrent le plan joachimite, le confondirent avec l'histoire franciscaine, et, donnant Joachim pour précurseur à saint François, esquissèrent un parallèle entre saint Jean-Baptiste et le Christ d'une part, Joachim et saint François de l'autre. Ils s'émerveillaient de voir se réaliser, par leur propre victoire, les prédictions de l'abbé de Flore, et quelques-uns glissaient assez vite aux hardiesses théologiques en puissance dans les textes apocryphes de Joachim.

Il se forma rapidement çà et là, dans les couvents du nord de l'Italie et du midi de la France, des cercles joachimites, et ces groupements constituèrent, au sein de l'Ordre, une sorte de congrégation particulière, travaillée d'espoirs mystérieux. Les ouvrages de Joachim se trouvaient dans la plupart des bibliothèques de monastères. Il se fit alors, sur ces recueils déjà étranges, lus et relus passionnément, un travail de remaniement poursuivi par des visionnaires.

Cette société secrète compta des adeptes de plus en plus nombreux. En 1247 enfin, les défenseurs de la stricte observance se trouvèrent composer la majorité du chapitre d'Avignon qui devait donner un successeur au Frère

Crescentius. Jean de Parme, favorable aux joachimites, fut élu par un vote unanime général de l'ordre.

Le nouveau successeur de saint François était entré en religion vers 1232. Il avait professé la théologie à Naples, à Bologne, puis à Paris. L'enthousiasme fut vif chez les Franciscains. On racontait qu'un vieillard, Gilles d'Assise, contemporain de saint François, le rencontrant après l'élection, ne lui fit qu'un reproche, celui d'arriver bien tard. Rigoriste impitoyable, Jean de Parme défendit le principe de la pauvreté absolue. Il porta avec une haute distinction le poids de ses fonctions. En 1249, il était envoyé en Grèce, où il reçut un accueil déférent. Peut-être accentua-t-il à ce moment ses tendances, l'abbé de Flore ayant été lui-même influencé par la doctrine grecque. En tout cas il favorisa certainement en Italie et en France les cercles joachimites de son ordre.

La thèse de Joachim suscitait d'ailleurs alors, dans le monde ecclésiastique, plus de curiosité que de défiance. Innocent IV, se trouvant à Lyon, voulut écouter un sermon d'un des adeptes, Hugues de Digne, frère de la béate Douceline, et précisa en l'invitant à prêcher qu'il le considérait comme le successeur de l'abbé de Flore. « Prêche-nous donc, ajoutait-il, et instruis-nous ». Tout concourait pour permettre à l'événement qui se préparait de se produire.

L'affaire éclata brusquement à Paris.

En 1254, quelques théologiens commentèrent, au Parvis Notre-Dame, un livre portant le titre d'*Évangile éternel*. Il s'agissait de trois volumes de Joachim, préfacés du *Liber introductorius*, œuvre anonyme du Frère Gérard di Borgo san Donnino. Ce franciscain enthousiaste était venu à l'Université de Paris comme représentant de la province de Sicile, et avait pu y connaître Jean de Parme qui ne l'avait quittée qu'en 1247. Il avait séjourné, au couvent de Provins, où se trouvait un des cercles joachimites ardents et propagandistes dont j'ai parlé plus haut. Il poussait d'ailleurs la thèse de Joachim beaucoup plus loin que Joachim lui-même, et soutenait que l'esprit de vie avait quitté depuis l'an 1200 l'Évangile du Christ pour passer dans l'*Évangile éternel*. Il avait rédigé dans ce sens l'introduction précitée.

Le scandale fut violent.

Les universitaires fulminèrent contre le livre[5], dénoncèrent l'*Évangile éternel* comme hérétique, trouvèrent dans cette affaire un excellent terrain de combat, et attribuèrent immédiatement la publication à leurs pires adversaires, Franciscains, Frères mineurs, Dominicains. Ceux-ci se rejetèrent entre eux avec fureur la responsabilité. Mathieu Paris désigne les Dominicains. Ceux-ci accusèrent les Franciscains. L'opinion publique s'en prit particulièrement à ces derniers, et nominativement à Jean de Parme[6].

De nombreux prélats, notamment des évêques de diocèses de l'Est, intervinrent dans le débat, qui prit toute son acuité lorsque Guillaume de Saint-Amour, chanoine de Beauvais, professeur de philosophie à l'Université, publia, mandaté par ses collègues, une attaque véhémente contre les joachimites. Guillaume de Saint-Amour, originale figure de l'Université du XIIIe siècle, était l'un des plus vigoureux adversaires des Dominicains. Son livre, *De Periculis novissimorum temporum*[7], traduit aussitôt français, eut un retentissement énorme qui se prolongea jusque dans les masses populaires.

Entre autres aménités, il rappelait aux mendiants que Jésus et les Apôtres avaient été pauvres mais n'avaient point mendié. Le bas peuple de Paris, trouvant là l'occasion de gouailler, hua les frères dans les rues.

Guillaume de Saint-Amour exploita son succès, et prononça, le jour de la fête des saints Jacques et Philippe, sur le texte : « Qui amat periculum peribit in ille[8] » un sermon dans lequel il foudroya Joachim : « De istis periculis[9]... »

Et le chanoine soulignait que d'après ce livre impie la parole de l'Église ne compte plus, que l'Évangile du Christ n'est pas l'Évangile définitif, et ne sera plus prêché que pendant cinq années.

L'*Évangile éternel*, *Les Périls des derniers temps* : il y avait autour de ces deux livres un fourmillement coléreux de bonnets carrés et de capuces.

Le débat vint jusqu'au roi Louis IX, qui avait déjà institué une commission pour enquêter sur les disputes universitaires, reçut les plaintes des frères et ne put que déférer au jugement du Pape le *De Periculis*. Deux clercs, Jean et Pierre, furent chargés de porter à Anagni, où se trouvait Innocent IV, l'ouvrage incriminé. À cette nouvelle, et sans désemparer, les séculiers dénoncèrent l'*Évangile éternel*, dont ils avaient extrait trente et une propositions condamnables, et Guillaume de Saint-Amour en personne, escorté de Chrestien de Beauvais, de Jean de Gasteville, d'Odon de Douai, de Nicolas de Bar-sur-Aube, de Jean Belin se rendit en hâte auprès du Souverain Pontife.

Le procès des deux ouvrages fut poursuivi dans les règles, et loin des discussions universitaires, du seul point de vue théologique. Le *De Periculis* fut condamné par la bulle *Urbi et Orbi*, qualifié d'exécrable et d'inique, finalement brûlé à Paris devant une foule énorme de maîtres et d'étudiants[10] et son auteur se vit défendre de remonter dans sa chaire. Quant à l'*Évangile éternel*, il fut soumis à l'examen du Cardinal Hugues de Saint-Cher, d'Eudes, évêque de Tusculum, et d'Étienne, évêque de Preneste, assistés de Florent, évêque d'Acre, promoteur, du frère Bonvalet et du frère Pierre, lecteur des frères prêcheurs d'Anagni.

L'étude en fut extrêmement attentive, et les procès-verbaux qui en sont demeurés[11] en témoignent longuement. La condamnation fut formelle. Au point de vue doctrinal, la Commission reprochait à Joachim de conclure, de sa conception des trois états successifs du monde, à la déchéance prochaine de l'Évangile du Christ et à son remplacement par l'Évangile de l'Esprit ; d'estimer que l'Église romaine possédait bien la lettre de l'Évangile, mais n'en saisissait pas l'esprit, et que le sens spirituel qui lui en demeurait caché était réservé à l'Église nouvelle ; de croire que ni le Christ ni les Apôtres n'avaient atteint la perfection de la vie contemplative, mais que lui, Joachim, avait ouvert cette voie de la perfection par la substitution de la vie méditative à la vie active ; d'avoir prophétisé que l'ordre des prêtres disparaîtrait avec le règne de l'Évangile pour céder le gouvernement du monde aux moines, sous le règne de l'Esprit.

La commission relevait nombre d'autres erreurs de théologie ou de discipline et notait que l'*Évangile éternel* apparaissait empli de sourdes menaces contre l'Église romaine, appelée peut-être à succomber sous les coups de moines transfuges qu'animait le seul désir de défendre la vérité et de hâter l'avènement de l'Esprit.

Sur le rapport de la Commission, Alexandre IV, qui avait succédé à Innocent IV et venait de fulminer la bulle contre Guillaume de Saint-Amour, condamna l'*Évangile éternel*, mais ne donna aucun éclat à cette condamnation, et se contenta de faire brûler le livre presque en secret[12] par le Cardinal de Saint-Cher et l'évêque de Messine. Puis il écrivit à l'évêque de Paris, ville où s'était produit le scandale, deux lettres contenant des directives pour la recherche et la destruction de l'ouvrage, et qui témoignent d'un long souci des nuances. En 1260, le Concile d'Arles devait anathématiser ceux qui, « sous prétexte d'honorer le Saint-Esprit diminuent l'effet de la Rédemption du Fils de Dieu et le bornent à un certain espace de temps ».

Les conséquences de cette condamnation furent pénibles pour les principaux joachimites. Gérard était accusé d'avoir lu dans les conventicules joachimites, des pamphlets anti-papistes, et fortement soupçonné d'avoir forgé, avec les livres de Joachim, l'*Évangile éternel*.

Mais les rancunes visaient un franciscain plus puissant.

Beaucoup de séculiers et de moines, malgré son attitude réservée, impliquaient Jean de Parme dans l'affaire des incidents de Paris. Le procès d'Anagni avait porté un rude coup aux spirituels, et leurs adversaires ne désarmaient pas.

En 1257, Alexandre IV, ému des accusations venues jusqu'à lui, fit convoquer un chapitre général de l'Ordre, qui se tint à l'*Ara Cœli*. Ce chapitre s'ouvrit le 2 février. Le pape en suivit les travaux. On était loin du triomphe de 1247. La discussion porta sur les tenants de la doctrine de Joachim. Il y eut des pourparlers assez délicats. Finalement Jean de Parme allégua son âge, et se retira. Le Frère Bonaventure fut désigné pour lui succéder. Déjà revêtu d'une réputation de sainteté et de science, le nouveau général avait professé, lui aussi, la théologie à Paris. Il avait été reçu docteur en théologie l'année même où avait paru l'*Évangile éternel*, et avait pris parti dans la lutte en répliquant au *De Periculis* par son *De paupertate Christi*[13]. Il s'empressa de réformer l'Ordre, et de régler le différend universitaire entre moines et séculiers, mais réagit fortement contre l'influence des spirituels. Il fut poussé par les ennemis de Jean de Parme à sévir contre les partisans du joachimisme.

Dès 1258, il ôta au frère Gérard le droit de prêcher et d'enseigner, et lui enjoignit de quitter Paris. Le frère Gérard s'insurgea. Bonaventure fit alors instruire son procès et celui du frère Léonard. Le frère Gérard se défendit avec violence, argumentant avec une habileté admirable, opposant système à système, et protestant de sa foi. Rien n'y fit. Les deux moines furent condamnés aux fers et descendus dans des cachots souterrains. Gérard accepta avec allégresse cette peine terrible. Il mourut indompté et fut enterré hors du cimetière.

La condamnation de religieux considérés comme des comparses n'apaisa pas les haines et les intrigues. Enfin, en 1263, Jean de Parme dut comparaître à Castello della Pieve devant un tribunal ecclésiastique, et répondre aux interrogatoires pressants et subtils de Bonaventure et du cardinal Jean Orsini. On ne lui imputait à crime que son joachimisme, mais il risquait ainsi, comme frère Gérard et frère Léonard, la prison perpétuelle. Les juges inclinaient à prononcer cette peine, lorsque l'intervention brusque et foudroyante du cardinal Ottobuono Fieschi, neveu de pape et futur pape lui-même, le sauva. Il se retira dans un couvent. Quelques années plus tard il fut question de le créer cardinal. Très âgé, il demanda l'autorisation, qui lui fut accordée, de faire en Grèce un voyage, au cours duquel il eût retrouvé sans doute le souvenir de son ancienne mission, mais il mourut en route.

La condamnation d'Anagni, le procès des frères, n'arrêtèrent pas d'ailleurs pas le développement du Joachimisme, qui s'étendit au-delà du XIIIe et du XIVe siècle. Pierre Olivi en renouvelait presque à la même heure les théories dans son couvent de Béziers. Mais l'étude de ses manifestations ultérieures dépasserait le cadre de cet avertissement.

Il reste à souligner brièvement les raisons qui donnèrent à cette œuvre une puissance telle sur l'imagination des hommes de cet admirable XIIIe siècle, et firent de cette géométrie spirituelle, une menace de révolution religieuse et sociale. Deux d'entre elles apparaissent aussitôt comme principales et suffisantes : la prédiction d'un avènement imminent des ordres monastiques et l'annonce de la fin du monde pour une date déterminée et prochaine.

L'opinion de Joachim, maintes fois exprimée, sur la transmission des pouvoirs de l'Église des clercs à l'Église des moines ne pouvait que séduire et enthousiasmer les représentants mystiques des grands Ordres récemment fondés. Les rigoristes, les spirituels, trouvaient à la fois dans cette conception de l'histoire, et dans le fait que la domination des Ordres devait coïncider avec le règne de l'Esprit, une raison de persévérer dans leur ascétisme et une arme contre les fauteurs de relâchement. L'*Évangile éternel* fourmillait d'images à leur glorification et de parallèles entre eux et les clercs qui tournaient sans cesse à leur propre avantage. La vie contemplative leur apparaissait dans ces pages comme souveraine. Ils étaient les étoiles du ciel humain et les guides de la dernière heure. Les joachimites franciscains n'hésitaient pas : saint François était l'ange de la révélation, Joachim était son précurseur. La fièvre de la certitude brûlait en eux. Leur victoire eût amené une réforme religieuse, et l'on sait que les réformes religieuses du moyen âge se transformaient rapidement en révolution sociale : la pauvreté mal comprise devenait vite la destruction des richesses d'autrui. Le renoncement dans le cloître commandait l'égalité dans le siècle.

L'annonce de la venue toute prochaine de l'Antéchrist, celle de la fin du monde fixée à l'année 1260 et conjuguée avec l'ouverture du sabbat, ne pouvait également que frapper les esprits. En ces temps troubles les espérances contenues dans les pages sèches mais terribles de Joachim enivraient les âmes austères. La fin du monde, c'était le renversement de la situation : les mauvais riches, les simoniaques, les impudiques, tous ceux qui tyrannisaient et jouissaient, seraient jugés et condamnés ; les doux, les humbles, les misérables monteraient au ciel dans la gloire. Enfin les jours étaient proches où la chasteté serait récompensée, où les injustices seraient réparées. Les derniers seront les premiers... Cette subversion, conforme au texte évangélique, n'était promise, certes, que dans un autre monde, mais sa promesse seule soulignait, d'un point de vue supérieur, l'iniquité de certains triomphes terrestres. Là aussi, un sentiment puissant enivrait les malheureux, exaltait tous ceux qui ont l'effroi et le mépris des choses d'ici-bas.

Ainsi d'un côté la conception joachimite de l'histoire

flattait le goût des dialecticiens de ce temps pour une organisation à la fois rationnelle et symbolique de l'humanité, et de l'autre l'approche du Jugement définitif donnait satisfaction à l'espoir de l'universelle révision qui hantait les mystiques. Voilà sans doute l'explication de la fortune des ouvrages de Joachim : ils étaient nés d'un goût ardent de logique et d'une grande passion d'équité. Ce goût et cette passion ne font qu'un : en dernière analyse ils traduisaient avec les signes presque algébriques propres à la pensée de leur siècle, le vieux désir de la justice.

Dès lors l'histoire de cette œuvre n'a plus rien pour nous surprendre. Révolution religieuse : révolution sociale. Dans toute révolte il y a une mystique. Les commentateurs pourront éclairer le verset 6 du chapitre XIV de l'*Apocalypse*, en ramener l'interprétation à une juste mesure : toujours les peuples opprimés et les âmes douloureuses regarderont dans le ciel si l'ange prédit n'apparaît pas, tenant dans ses mains de lumière le livre de l'avenir, le livre qui promet les revanches suprêmes et la joie infinie : l'*Évangile éternel*.

E. A.

<u>4</u> « Si, dans l'absence de monuments et documents positifs nécessaires pour décider ces questions, il était permis de hasarder une conjecture, nous dirions que l'*Évangile éternel* ou du Saint-Esprit n'était point un livre, mais une doctrine, celle de Joachim, et que, pour la mieux répandre, pour initier plus de personnes à ces nouvelles croyances, on s'avisa, vers la fin du XIIe siècle, d'en publier un exposé en quelque sorte élémentaire *Liber introductorius*. Voilà, selon toute apparence, le livre qui a été condamné, brûlé, et attribué, non sans raison, au général des Franciscains. » Daunou, *Hist. Littér. de la France*, XX. Jean de Parme, p. 34. En fait la commission d'Anagni a bien eu à connaître des ouvrages de Joachim, et ce sont bien ses doctrines trinitaires que condamna le Concile de Latran. Mais, en considération de la renommée de piété et de la dignité de vie de l'abbé de Flore, les commissaires d'Anagni réprouvèrent les doctrines sans désigner nommément l'auteur. Des raisons de

polémiques ecclésiastiques embrouillèrent ensuite le problème.

5 « Quidam enim eorum in thesibus proposuerunt publice nonnulis articulos ex libris Joannism tunc minoritarum Præpositi generalis : cui titulus erat Evangelium œternum excerptos : in quo quidem libro multa dogrnata detestanda continebantur ». C. E. du Boulay, Historia Universalis Parisien.sis, t. III.

6 Au XIVe siècle, Nicolas Eymeric désignait encore Jean de Parme comme l'auteur de l'*Introduction*.

7 *Sur les dangers des temps nouveaux.*

8 « Qui aime le danger périra en lui. »

9 Sur ces dangers... *De istis periculis jam habemus quœdum Parisius, silicet librum illum qui vocatus Evangelium Æternum.*

10 Wadding : *Ann. Min.*

11 Cf. d'Argentré.

12 Malgré ces précautions, l'allégresse fut vive à l'Université de Paris. « Cette digne église gallicane n'en fut pas moins fière d'avoir arrêté les progrès d'une doctrine perverse, et crut avoir préservé la chrétienté d'un grand danger. » Renan, *Nouvelles Études d'histoire religieuse*, p. 296. Renan cite ensuite les vers du poète Jean de Meung sur :

Ung livre de par le grant diable
Dit l'Évangile perdurable
Que le Saint-Esperit menistre
Si com il aparoit au tistre.

13 *De paupertate Christi, adversus magistrum Guillelmum.* Au sujet de la pauvreté du Christ, contre maître Guillaume.

LIVRE DE LA CONCORDANCE ENTRE LES DEUX TESTAMENTS

Ici commence la préface de Joachim, premier abbé de l'Ordre de Flore pour le livre des concordances[14]

Les signes décrits dans l'Évangile montrent clairement l'effroi et la ruine du siècle qui s'écoule et qui doit périr. Je ne crois donc pas vain de soumettre à la vigilance des fidèles, par la production de cette œuvre, ces choses qu'il m'a été donné, à moi indigne, de connaître ; je ne crois pas vain d'exciter ainsi par ma voix et même par mes exclamations les cœurs engourdis des somnolents, s'ils s'éveillent de cette façon au mépris du monde, grâce au nouveau mode d'exposition des mystères que j'entreprends, alors que pour eux les admonitions larges et multiples de nos pères ont perdu de leur poids par de fastidieuses répétitions.

Je redoute que le malheur ne s'abatte sur moi si je me tais, si je suis davantage attentif à mon indignité qu'à ton appui, ô Christ ! Je regarde qui je suis, et je suis confondu de parler ; je considère ce que je dois et je m'épouvante de me taire. La disproportion de ma vie avec la tâche qui m'incombe m'impose le silence, la pensée du jugement m'incite à la parole. Car je ne sais pas, et toi-même tu sais, Seigneur Jésus, ce qui relève de l'équité de ton jugement.

À la vérité, si nous disions que nous sommes sans péché, nous nous mentirions à nous-mêmes, et la vérité ne serait pas en nous.

Donc que dois-je faire ? Dois-je fuir ? Dois-je

audacieusement rejeter de mon cou le joug qui y pèse ? Mais où pourrais-je aller loin de ton esprit ? Mais où me réfugierais-je loin de ta face ? Si je monte dans le ciel, tu es là ; si je descends dans l'enfer, tu es là[15]. Si je fuis à Tharsis, je me trouve arrêté dans ma fuite, une tempête soulevée contre moi éclate[16].

Si je suis précipité à la mer, je m'enfonce dans le limon, et aussitôt un monstre marin accourt et m'engloutit, étrange captif. Il est donc meilleur de me confier à toi, qui as pitié de tous ; il est meilleur que, présumant ta grâce, je m'en remette à ta clémence, suppliant que tu prennes même en quelque sorte les devants en favorisant mes actions, que tu m'accompagnes en m'aidant et que, comme tu fis jadis traverser à ton peuple, d'un pied sec, la Mer Rouge, tu daignes me guider, moi aussi, au milieu de tant de flots débordés…

Et fasse le ciel que je puisse éviter ainsi ton jugement, que je puisse éviter la peine du négligent qui frappera les prévaricateurs auxquels fut confiée, en vue d'une distribution, l'administration du froment. La voix de Jérémie retentit, clamant : « Les petits enfants imploraient du pain, et il n'y avait personne pour leur en donner. » Mais nous lisons aussi ceci, dans les versets précédents où la mère de ces petits enfants est l'image de Jérusalem : « Tes prophètes ont eu pour toi des visions vaines et fausses, ils n'ont pas mis à nu ton iniquité pour t'appeler à la pénitence. »

Mais pourquoi cela ? Sinon parce que l'homme est craint plus que Dieu, et l'indignité de la chétive poussière plus que le jugement de la grandeur divine. Car voici de nombreux milliers d'hommes, qu'une troupe nombreuse, infinie de peuples, derrière les proclamations, les cymbales, les parades des histrions, affluent, se précipitent tous ensemble à d'iniques spectacles comme à des jours de fête. Et cependant nous voyons cela et nous le souffrons ; nous détournons le regard et nous nous taisons, dormant avec ceux qui dorment et n'excitant personne à s'éveiller de ce mauvais sommeil. Quelqu'un pourrait dire qu'il s'agit d'une faute pardonnable, si le prophète n'avait reproché une telle attitude à l'église négligente, lorsqu'il s'écria :

« Tes gardiens sont tous aveugles, sans intelligence. Ils sont des chiens muets, incapables d'aboyer[17]. »

Mais si sonne encore l'heure du pardon divin, corrigeons-nous afin qu'il ne soit pas dit de nous ce qui fut dit terriblement de certains :

« Que leurs yeux s'obscurcissent et ne voient plus, et fais sans trêve chanceler leurs reins[18]. »

Blâmons notre propre négligence, de peur que le Seigneur ne survienne en une heure que nous n'attendions pas[19], nous séparant ainsi qu'il nous en a menacés, et ne nous indique notre place parmi les hypocrites.

Amendez, ô peuples, la dureté de vos cœurs[20].

Pourquoi vous dévouer aux choses qui sont de ce monde et rechercher la science qui est de la terre ? Ne savez-vous pas qu'il faut nous proposer pour modèle la science qui est du ciel ? Pourquoi donc apprenez-vous à entamer la guerre contre les ennemis de votre corps, et ne résistez-vous pas de la même sorte aux adversaires de votre âme ?

Donc écoutez et comprenez, de peur qu'il ne nous arrive ce qui arriva, dans les jours de Noé[21], à ceux qui vaquaient aux rires et aux réjouissances, ce qui advint aux convives avides de richesses terrestres et délaissant les œuvres du Seigneur ; écoutez et comprenez, de peur que ce jour ne vous surprenne subitement.

Assez, dis-je, assez ! ne courez plus après de tels déportements, car ces temps ne sont pas de joie, mais d'affliction et de larmes ; car tous les moments ne sont pas consacrés aux jeux, toutes les choses ne sont pas subordonnées aux plaisirs ; mais quelque temps et quelques choses au combat.

C'est à moi de prédire la guerre, c'est à vous de courir aux armes ; c'est à moi de monter au haut de la montagne, et de vous signaler l'approche des ennemis, afin qu'à mon signal vous puissiez fuir vers de plus sûrs abris. Car, quoique je sois un observateur indigne, j'ai prévu bien longtemps à l'avance les guerres qui doivent surgir.

Vous qui êtes les dignes soldats du Christ, abjurez les œuvres des ténèbres et revêtez-vous des armes de lumière. Moi, si je cesse de jouer du buccin, j'apparaîtrai comptable de votre sang, et si vous négligez vos épées par ma faute, vous périrez. Car de plus en plus deviennent nombreux en ce monde ceux dont le Seigneur a dit :

« Je n'ai pas envoyé ces prophètes, et ils ont couru[22] »

Pour éviter les déceptions de tels devins j'ai assumé l'œuvre présente, difficile si je pense à mes seules forces, mais facile si, pour la parfaire, je me joins au Christ.

… Les événements se précipitent. Ils pressent d'autant plus la vétusté du monde, à la façon de flots bouillonnants, que déjà les ruines toutes proches préfigurent le cataclysme final, pareilles à des signes de mort. Mais les impies ne le croient pas, l'ambition endurcit leur cœur appesanti. Ils ne veulent pas que le monde périsse, ceux auxquels le royaume du ciel est odieux, ni que s'écroule l'empire des Égyptiens, ceux qui n'aiment pas les habitants de Jérusalem.

Mais pourquoi donc répandre ces vérités précieuses devant de telles gens, pourquoi, pour de telles gens, accepter la lourde charge de tels travaux ? Écrire ces ouvrages ?

Je souffre tout, dit l'apôtre, à cause des élus. Et si le Christ est mort pour eux, comment un homme négligerait-il d'employer les dons qu'il a reçus pour eux, et de leur permettre, en leur dévoilant la signification des symboles, de fuir à temps la face de l'arc ?

Donc, pour ma part, je donnerai, dans ma mesure, les présages.

Plan de l'ouvrage

Dans le premier livre, il est question des jugements que Dieu exerça dans l'Ancien Testament et des sept afflictions du peuple d'Israël.

Dans le second livre il est question des principales concordances entre le Nouveau et l'Ancien Testament qui s'offrent par décades et d'une compréhension spirituelle qui procède, d'une façon admirable, de la lettre des Deux Testaments.

Dans le troisième livre, il est question des différentes sortes de Sabbat, et d'autres concordances entre les deux Testaments, qui donnent au lecteur attentif, grâce aux sept sceaux du premier Testament et à leur ouverture au cours du Nouveau Testament, une merveilleuse intelligence des choses futures.

Dans le quatrième livre, il s'agit, en général, de la plénitude des concordances et des séries de générations dans les deux Testaments, depuis Adam jusqu'à Jean-Baptiste, et d'Ozias, roi de Juda, jusqu'à la révélation d'Élie.

Dans le cinquième livre, il s'agit des principaux récits de l'Ancien Testament, de la façon dont ils doivent être interprétés selon la compréhension spirituelle, et des événements futurs que nous dévoilent ces récits lorsque nous les examinons sous un jour mystique.

~

Dès le début de l'ouvrage, Joachim donne plusieurs exemples de châtiments dont Dieu frappa dans l'Ancien Testament les hommes coupables. Il en tire des conclusions applicables à sa génération, et lui adresse de sévères avertissements. Dans les deux passages qui suivent, il rappelle les catastrophes qui punirent, la première une société oublieuse de Dieu, la seconde les villes où le péché de la chair avait sombré jusqu'à la perversion. Le lecteur trouvera dans les notes sur le jugement de Sodome la raison de l'importance que Joachim lui accordait au point de vue des concordances.

Le déluge

Lorsque les hommes eurent commencé à se multiplier sur la face de la terre, et qu'ils eurent engendré des filles, les fils de Dieu virent que les filles des hommes étaient belles, et prirent pour femmes celles qu'ils avaient choisies[23]. Alors, voyant cela, l'Éternel dit que la malice des hommes était grande sur la terre, que toutes les songeries de leur cœur étaient sans cesse tournées vers le mal ; et il se repentit d'avoir mis l'homme en ce monde.

Dans la six-centième année de la vie de Noé, au second mois et au dix-septième jour du mois, toutes les sources du grand abîme furent rompues et les cataractes du ciel furent ouvertes. Et la pluie tomba sur la terre pendant quarante jours et quarante nuits. Les eaux grossirent et les hautes montagnes qui sont sous la voûte du ciel furent couvertes. L'eau fut plus haute de quinze coudées que les montagnes qu'elles couvraient. Toute chair fut anéantie, qui se mouvait sur la terre. Tous les hommes périrent, ainsi que tout ce qui respirait le souffle de vie ; et toute substance animée, depuis les hommes jusqu'aux animaux, tant les reptiles que les oiseaux du ciel, fut balayée de la face de la terre. Mais seul demeura Noé avec tous ceux qui étaient entrés dans l'arche.

Tel est le monde.

Cette génération vivait, à la veille du déluge, dans la sécurité et dans l'allégresse, sans se préoccuper des misères de sa condition ou n'y attachant que peu d'importance, car les hommes qui la composaient étaient des hommes comme nous, captifs de leurs occupations mondaines, et qui, tandis que la voix de la vérité parlait près d'eux, nous apparaissent, mangeant et buvant, plantant et bâtissant, se livrant au mariage, insoupçonneux de la menaçante adversité.

Et si nous, qui nous identifions avec le Christ, abreuvés à la source de la vie spirituelle et instruits par les divins sacrements, nous qui avons reçu dans le baptême le don du Saint-Esprit, nous qui lisons dans l'Écriture l'heure dévoilée du jugement, nous ne tenons véritablement aucun compte de tout ceci, combien moins pouvaient craindre l'avenir ces hommes qui, dans les premiers jours du monde, ignoraient la possibilité même du Jugement ?

Donc, si, selon la parole de Pierre, Dieu n'a pas fait grâce au commencement des âges, mais, si, ayant sauvé Noé — lui, huitième[24] — ce prédicateur de la justice, il précipita le déluge sur ce fourmillement d'impies, que ne devons-nous pas craindre, nous qui n'avons aucune excuse à offrir pour notre conduite ? Et si cette foule ignorante laissa, par les calamités dont elle fut frappée, tant de maux après elle, qu'adviendra-t-il de ceux qui négligent Dieu et qui, ayant la connaissance de la parole divine, ne tiennent nul compte de la possible damnation ?

Mais de ceci que faut-il dire ?...

Le bruit matériel que faisait le forgeron de l'arche en construisant ce navire révéla ce qui allait arriver, et ce fut alors seulement que les cœurs endurcis des mortels, demeurés sans émotion en présence de plus graves avertissements, commencèrent à s'inquiéter au rythme brutal de ce signe insolite. Car vous eussiez vu dès ce moment les mères devenir insensibles à leurs fils, et les fils pousser des cris de douleur vers leurs mères, les frères vers les sœurs, et les sœurs se lamenter entre elles, sans qu'aucun pût porter secours à l'autre ni se protéger soi-même. Vous eussiez vu les convives épouvantés se lever de table, sauter de droite et de gauche, chercher éperdument le moyen d'échapper et ne trouver nulle issue. Vous eussiez vu de jeunes séducteurs confus repousser les embrassements, et des femmes lubriques détester les lascivités de la chair. L'un clamait après l'autre, et l'unique désespoir de tous grandissait. Chacun voyait, de ses yeux, voyait la mort et ne savait pas, frappé de stupeur, ce qui lui arriverait...

Mais qui ne craindrait de voir l'irruption de l'abîme effondrer les voies coutumières, l'universelle face de la Terre disparaître sous le débordement des eaux pleuvant de l'éther, et les hauts sommets des montagnes s'écrouler ? Nous avons cru que ces événements du début du monde ne seraient pas en vain évoqués brièvement dans cette œuvre, ces événements qui feront souvenir du jour du jugement comme des chants de coqs au milieu du silence nocturne, afin de rappeler aux fils d'Adam que le Très-Haut règne sur les royaumes humains, et que les regards du Seigneur examinent, attentivement les bons et les méchants[25].

Le jugement de Sodome[26]

Il est nécessaire que je parle ici du jugement suivant qui fut poursuivi aux jours d'Abraham afin que nous sachions que le monde présent n'est pas de joie, mais de tristesse. Cet avertissement entre plusieurs de ceux qui sont offerts à notre mémoire nous force à explorer et à déplorer les misères de notre temps ; et quand nous lisons de tels récits, nous devons nous rendre compte que les désastres qui frappèrent les coupables de jadis sont imminents pour nous, et prendre garde, par l'exemple du passé, aux menaces de l'avenir. De nombreuses années ne s'étaient pas écoulées chez les Hébreux depuis Noé jusqu'à Abraham, et cependant les premières tribulations étaient déjà livrées à l'oubli, car la faiblesse humaine ne redoute pas d'offenser le regard de la majesté divine.

Mais le Dieu tout-puissant dissimula son courroux et décida de châtier les coupables par une catastrophe terrible. Il ne s'agissait plus de frapper la totalité des mortels en ouvrant les écluses d'un nouveau déluge, mais de briser seulement ceux qui provoquaient plus directement sa colère, comme des barques sans rames livrées à des naufrages répétés. La modération de la divine pitié agit ici avec sagesse et prévoyance de façon que les témoins d'un tel spectacle s'épouvantassent de la calamité qui eût pu les frapper eux-mêmes, et que chacun aperçut dans la ruine des autres une personnelle leçon... Certes, si nous ne nous laissons pas aller à un examen superficiel, nous voyons bien que l'épouvante ne fut pas moindre, pour les vivants auxquels l'occasion en fut donnée, à l'heure où le soufre enflammé tombant du ciel engloutit les habitants de Sodome et de Gomorrhe qu'aux jours où le déluge frappa le genre humain tout entier, ne laissant échapper au désastre universel que huit personnes. Les paroles même divines ne témoignent pas, mais bien plutôt une terre sombre retournée en cendre.

L'étang sent le soufre fétide, et son goût est d'absinthe et de sel. Dieu avait prédit tout ceci à Abraham afin que celui-ci ne pût imaginer que cet événement arrivait par hasard et n'était point causé par la volonté céleste, comme si Dieu ne regardait pas du haut du ciel les fils des hommes pour voir s'il y a parmi eux quelqu'un d'intelligent qui le cherche[27]. Est-ce que, dit-il, je pourrai cacher ce que je vais faire à Abraham, qui deviendra une nation très grande et très puissante, et en qui seront bénies toutes les nations de la terre ? Car je sais qu'il ordonnera à ses fils et à sa maison après lui, de garder la voie du Seigneur et, par conséquent, la droiture et la justice[28]. Cet homme juste était frappé de stupeur en voyant ceux que le Père divin avait châtiés, et il se trouvait instruit, en même temps, par ce terrible exemple, de la façon dont la faiblesse humaine devait redouter le jugement de Dieu…

Vous verriez ces lieux, ô fils, maintenant devenus un étang d'eaux sulfureuses[29] ! Moi-même, j'ai parcouru ces lieux jadis fleuris et arrosés à l'instar du Paradis terrestre. Mais à cause de l'intolérable malice de ses habitants, cette terre autrefois lourde de fruits fut transformée en marécage salin. Ces hommes, en effet, ne craignirent pas le Dieu du ciel qui créa de rien toutes choses, et ne rendirent pas suffisamment grâce, pour tous les biens reçus, à Celui qui fut l'auteur de tant de merveilles.

Ainsi, livrés à un sens réprouvé, de telle sorte qu'ils s'abandonnaient à des actes obscènes, ils reçurent dès ce monde le salaire de leur erreur, afin que ceux qui pèchent sous le règne de la grâce sachent ce qu'ils méritent en voyant le châtiment de ceux qui péchèrent sans la grâce et sans la foi. À vrai dire, les habitants de Sodome et de Gomorrhe reçurent un châtiment assez rigoureux, mais équitable. Car s'ils eussent, leurs sens embrasés, poussé l'usage des femmes au-delà des limites mesurées, ou, brûlant d'une violente ardeur, s'ils eussent perpétré le crime du libidineux adultère, peut-être la peine du feu aurait-elle suffi à les punir, parce qu'un supplice simple leur aurait rendu assez sensible dans une seule douleur la gravité du péché commis.

Mais les hommes qui, contrariant l'instinct naturel, ont abusé d'autres hommes, ceux-là qui commirent ce crime pervers sont torturés très justement par le double supplice du feu et du soufre, car les pêcheurs qui ardèrent de toute la flamme du désir souffrent ainsi de la seule douleur du feu, tandis que ceux qui flairèrent volontairement la fétidité d'une pareille perversion suffoqueront sans fin, cette fois malgré eux, dans la supplémentaire et puante exhalaison du soufre.

~

Joachim de Flore a cru devoir définir, avant d'en appliquer les lois aux textes qu'il va étudier, le sens qu'il donne à la concordance et à l'allégorie. Il fournit, pour éclairer ce sens, un certain nombre d'exemples qui montrent la subtilité dont il use pour établir des comparaisons, et aussi l'arbitraire de certaines désignations symboliques qui lui sont familières.

La concordance

Nous disons que la concordance est, à proprement parler, une similitude de proportions égales qui s'établit entre le Nouveau et l'Ancien Testament. Je dis égales, mais seulement en ce qui relève du nombre et non en ce qui concerne la dignité. C'est ainsi que des deux parts un personnage et un personnage, un ordre et un ordre, une guerre et une guerre se répondent en répliques semblables et se regardent avec de mutuels visages. Ainsi, pour choisir des exemples, Abraham et Zacharie, Sara et Élisabeth, Isaac et Jean-Baptiste[30], Jésus considéré dans son humanité avec Jacob ; ainsi les douze Patriarches et les douze apôtres ; de telle sorte que se dévoile légèrement le sens des choses et que la similitude permet de mieux comprendre ce qui est dit. Un Père auquel l'Ancien Testament appartient plus particulièrement ; un Fils de Dieu auquel le Nouveau Testament appartient de la même sorte, un Esprit-Saint qui procède de l'un et de l'autre, et auquel est réservée spécialement la compréhension mystique qui, nous l'avons dit, procède des deux autres compréhensions littérales : si nous raisonnons juste, il y a donc deux choses significatives pour une chose signifiée, du moins pour nous qui croyons en Dieu.

La concordance existe, pour reprendre un de nos exemples, entre Abraham et Zacharie parce que l'un et l'autre de ces personnages, déjà vieux, engendrèrent chacun, de leur femme jusqu'alors stérile, un fils unique. Et que l'on ne dise pas qu'il y a ici dissemblance parce que le patriarche Isaac engendra Jacob, alors que Jean n'engendra pas, mais baptisa le Christ : en effet, la génération charnelle fut affirmée dans celui-là, qui fut le père d'un peuple de chair, Israël ; et dans celui-ci fut affirmée la génération spirituelle, parce qu'il fut le père selon l'esprit de tout le peuple chrétien. De telle sorte que le peuple de chair fut procréé par les douze patriarches, et que le peuple de l'esprit le fut par les douze apôtres : ici ce qui est né de la chair est chair, et là ce qui est né de l'esprit est esprit.

Mais, si l'on objecte au sujet du baptême que Jean a donné au Christ, que ce baptême n'avait pas cette vertu que posséda celui du Christ lui-même, je répondrai qu'il n'y a point là de raison suffisante pour rompre la similitude de ces mystères. Et, si d'ailleurs sur ceux qui furent baptisés par Jean, Dieu le Père ne voulut pas envoyer son esprit, il l'envoya sur le Christ, avec le témoignage de sa voix qui s'éleva et déclara :

« Celui-ci est le Fils bien-aimé dans lequel j'ai mis toutes mes complaisances »...

Ainsi, selon ce mode que nous appelons concordance, les personnages des deux Testaments se regardent, semblables d'histoire ; et la ville correspond à la ville, le peuple correspond au peuple, l'ordre correspond à l'ordre ; la guerre correspond à la guerre ; et de telles concordances unissent toutes les choses entre lesquelles la raison distingue logiquement une similitude naturelle. Et non seulement la personne correspond à la personne, mais la foule à la foule, de telle sorte que Jérusalem, c'est l'Église romaine ; Samarie, Constantinople ; Babylone, Rome ; l'Égypte, l'Empire grec.

L'allégorie[31]

L'allégorie consiste dans la ressemblance (de quelque manière que celle-ci se présente) découverte entre une chose plus petite et une chose plus grande, comme si nous comparons, pour prendre des exemples, le jour à l'année, la semaine au siècle, la personne à la foule ou encore à la cité, à la nation, au peuple ; nous pourrions indiquer mille autres similitudes de cet ordre.

Abraham, qui est un seul homme, signifie, dans un sens allégorique, toute la lignée des patriarches qui renferme de nombreux individus. Zacharie, qui est un seul homme, offre la même signification multiple. Sara est une seule femme, et elle symbolise la synagogue : je ne dis pas la synagogue réprouvée que représente Agar, mais l'Église stérile des justes qui chaque jour gémissait, et pleurait l'opprobre de sa stérilité… Élisabeth offre la même signification, parce que ce fut dans un âge avancé qu'elle-même depuis longtemps inféconde, enfanta un fils. Les fils de Sara et d'Élisabeth naquirent tous deux dans la vieillesse de leurs mères. Or six mois après qu'Élisabeth eut conçu Jean-Baptiste, le Christ, fut conçu : et jusqu'au sixième temps du second état l'Église demeura stérile ainsi que ces épouses ; et le temps arrive seulement où elle multiplie sa postérité, étendant ses champs jusqu'à la mer, et progressant jusqu'au fleuve.

Selon la mystique, Abraham symbolise Dieu le père, Isaac, Dieu le Fils, Jacob l'Esprit-Saint. De la même façon, Zacharie, père de Jean, symbolise Dieu le Père, Jean-Baptiste, Dieu le Fils ; le Christ Jésus considéré dans son humanité, l'Esprit Saint. Et cette manière de considérer les choses, à la vérité compréhension spirituelle, nous l'appelons allégorie.

Le système des concordances

Afin de mieux éclairer le système des concordances et des interprétations littérale et spirituelle, je donnerai des exemples.

Nous voyons en effet là Abraham, ici Zacharie : là Isaac, ici Jean-Baptiste ; là Jacob, ici le Christ considéré dans son humanité ; là douze patriarches, ici douze apôtres, là Manassé et Ephraïm, ici Matthias et Joseph qui est nommé le Juste ; là Moïse et Aaron, ici Paul et Barnabé. Là l'exode d'Égypte, ici le départ de la synagogue ; là le passage de la Mer Rouge, ici l'armée romaine. Et lorsque tu auras découvert ce que signifie l'Ancien Testament, tu n'auras pas besoin de chercher ce que signifie le Nouveau, car aucun doute ne peut plus dès lors s'élever à ce sujet.

Leurs deux sens ont une même acception, et les deux Testaments ont une explication spirituelle.

Une explication spirituelle, dis-je ; mais je ne voudrais pas que tu l'entendisses comme si je parlais d'un être infécond, mais comme s'il s'agissait d'une mère avec ses fils, d'un peuple avec son prince, car si elle est une, ses dons ne sont pas uniques, mais multiples. Donc si Abraham symbolise les pères du premier état, il signifie aussi Zacharie ; si Isaac symbolise les pères du second état, il signifie aussi Jean-Baptiste ; si Jacob symbolise les pères du troisième état, il signifie également le Christ Jésus considéré dans son humanité. Si les douze patriarches symbolisent les différents ordres des Justes qui se divisent en cinq et sept groupes, ils signifient également les apôtres. Si Sara, qui conçut alors qu'elle était déjà très âgée, symbolise l'Église choisie d'Israël qui demeura stérile, en fils spirituels jusqu'à la plénitude des temps, elle n'en représente pas moins aussi Élisabeth. Et si, d'autre part, quelque juste, changé de série, se trouve joint à un autre pour renforcer sa signification, c'est qu'aucun personnage ne figurait dans l'autre Testament pour lui servir de concordance ; car, là où il n'existe pas un élément de concordance, il est inutile de chercher une signification de ce défaut de parité.

Et cela est extrêmement fréquent dans les divines Écritures. Nous trouvons, par exemple, qu'Élisabeth entre en concordance avec Sara, parce que l'une et l'autre furent stériles, et que ce fut très tard que l'une et l'autre, visitées par Dieu, conçurent et enfantèrent. De plus, ainsi que je l'ai déjà dit, chacune d'elles désigne cette antique église hébraïque qui, demeurée stérile jusqu'à la vieillesse du monde, devint féconde, à l'admiration des peuples, lors de la naissance du Christ. Mais lorsque Agar, la servante, est jointe à la libre Sara celle-ci change complètement de signification. Celle-là symbolise alors l'Ancien Testament, et celle-ci le Nouveau. Et, lorsque Agar enlevée du tableau des concordances, Rébecca est jointe à la même Sara, celle-ci symbolise la Synagogue, qui est morte pour avoir chancelé dans la foi, et celle-là l'Église qui entra dans le tabernacle, et y demeura.

Dans ceci, il n'est sans doute que des similitudes ; mais prenons l'exemple de Zacharie, devenu muet à cause de son incrédulité, exemple qui nous permettra d'approfondir encore tout ceci. Certes, dans ces grands mystères dont nous parlons si souvent, nous voyons que Zacharie entre en concordance avec Abraham. Mais y a-t-il vraiment concordance entre leur foi ? N'a-t-il pas été dit de celui-ci :

« Abraham crut en Dieu » alors qu'il fut déclaré à celui-là :
« Voici que tu seras muet, et que tu ne pourras parler jusqu'au jour où ces choses arriveront, parce que tu n'as pas cru à mes paroles, qui s'accompliront en leur temps[32]. »

Et voici une aussi grande dissemblance là même où nous découvrions, une telle concordance. Pourquoi cela ? Pourquoi la similitude ne se retrouve-t-elle pas en toutes choses dans la vie des personnages que nous voyons concorder en l'un et l'autre Testament ?

Pourquoi cela ? Parce que Dieu est immuable dans sa volonté, et suit toujours le même dessein, tandis que l'homme, usant mal de son propre arbitre, tend sans cesse à éluder les décrets divins. Ainsi Abraham et Zacharie devaient se trouver en concordance lorsque Dieu, qui créa l'Ancien Testament se préparait à instituer le Nouveau. Mais la concordance préétablie fut respectée par Abraham et rompue par Zacharie. C'est que celui-là crut l'envoyé céleste qui lui annonçait la naissance d'un fils, tandis que celui-ci demeura incrédule à une promesse semblable. À la vérité, Zacharie trouve sa concordance sur ce point, mais avec un autre personnage de l'histoire sacrée. Car ce que symbolise dans l'Évangile le mutisme de Zacharie, la cécité de Tobie le symbolise dans l'Ancien Testament ; et la restitution de la parole à l'un fait pendant à la réapparition de la lumière dans les yeux de l'autre.

Toutes ces concordances sont échelonnées le long de temps eux-mêmes en concordance. L'histoire est divisée par Joachim en périodes égales dont chacune a sa réplique dans les deux autres états. Une grande part de ses ouvrages est consacrée à énumérer ces périodes, à en marquer soigneusement le début et la fin, à dresser en quelque sorte le grand tableau logique et tripartite de l'histoire. Il emploie, pour désigner ces états, le terme de « sceau » employé dans l'Apocalypse, et vraiment, pour lui, dans la réalité comme dans le livre de Jean, des anges mystérieux ferment et ouvrent ces temps. Le sceau du premier état est ouvert dans le second. L'étude des cinquième et septième sceaux est reproduite en partie ci-après. Le temps marqué par le quatrième sceau commence vers 800 avant Jésus-Christ pour finir vers 600 avant Jésus-Christ dans le premier état, et vers 560 pour finir vers 740 dans le second état. Le cinquième sceau commence aussitôt après ; quant au temps marqué par le septième sceau, il est fixé vers 450 avant Jésus-Christ dans le premier état ; en ce qui concerne le second état, l'ouverture du sceau ne commencera qu'au moment où la Bête sera jetée dans le lac de feu.

Le quatrième sceau

Le quatrième sceau est marqué au temps d'Élie, et

désigne toute la période qui dure jusqu'à Ezéchias, roi de Juda. Ce même sceau, dans la seconde série, est ouvert du temps de l'empereur Justinien, et marque toute la période qui dure jusqu'aux papes Grégoire III et Zacharie, alors que le cinquième sceau va être rompu et que le patronage de l'Église, ayant été enlevé aux empereurs de Constantinople, va passer à Charles, roi des Francs, et à ses successeurs.

Sous le quatrième sceau, les guerres succédèrent aux guerres et l'on vit Israël lâcher pied, la seule tribu de Juda se défendant ; ainsi, dans l'histoire de l'Église et sous le même signe, les guerres persiques suivirent les guerres des Sarrasins, et la menace s'étendit en Orient et en Occident, comme dans le déploiement de deux ailes, rappelant ce que prédit Isaïe dans son évocation du règne des Assyriens, touchant Acchaz qui craignait Retsin, roi d'Assyrie, et les fils de Romalia. Le prophète Isaïe écrivait entre autres choses ceci : « Parce que ce peuple a méprisé les eaux de Siloé qui coulent en silence, et qu'il s'est réjoui au sujet de Retsin et du fils de Romalia, voici que le Seigneur va conduire sur eux les puissantes et nombreuses eaux du fleuve, le roi d'Assyrie et toute sa gloire. Il s'élèvera partout au-dessus de ses rives, il pénétrera dans Juda et débordera, et inondera jusqu'au cou. Il viendra, et le déploiement de ses ailes remplira l'étendue de ton pays, ô Emmanuel ! »

Isaïe parle ainsi du peuple assyrien. Mais lorsqu'il dit : « l'extension de ses ailes emplira l'immensité de ta terre, ô Emmanuel ! » ces paroles s'appliquent bien mieux qu'à ce peuple, au peuple sarrasin que nous voyons dévaster tant d'innombrables églises. Mais la responsabilité principale de cette ruine remonte véritablement à la nation grecque, coupable d'avoir rejeté les eaux de Siloé qui coulent doucement : je veux dire ce qu'elles symbolisent, à savoir les prédications et les doctrines des pères apostoliques. Siloé, atteste l'Évangile, veut dire *envoyé*[33].

Le cinquième sceau

L'ouverture du cinquième sceau commence aux jours du pape Zacharie[34] que les concordances mettent en regard d'Ezéchias, roi de Juda[35]. Sous le pontificat de ce pape, les rois de France se virent conférer l'empire romain. La raison de la concordance entre ces deux personnages se trouve dans ce fait que le roi de Babylone[36], dont il est fait mention pour la première fois dans le Livre des Rois, fut ami d'Ezéchias et que les premiers rois de France furent également les amis des pontifes romains. Vers la fin de ce temps surgit cependant un autre roi de Babylone[37] qui humilia grandement l'orgueil de Jérusalem, et, par un semblable retour, nous voyons qu'Henri Ier, Empereur d'Allemagne, persécuta l'Église[38].

Nous devons rappeler, de plus, que sous ce cinquième sceau il fut fait — nous venons de le dire, — mention de Babylone pour la première fois. Ainsi de nos jours une foule de chrétiens qui considéraient que l'Église, par tout le bien qu'elle a fait, possède quelque droit à être appelée Jérusalem, considèrent, qu'elle doit maintenant, par la multitude des maux qu'elle suscite, être appelée Babylone. Et certes, il ne manque pas d'hommes, à l'heure actuelle qui appartiennent soit à Babylone, soit à Jérusalem. Au nombre de ces derniers figurent ceux qui se trouvent évoqués dans l'Apocalypse, à l'ouverture du cinquième sceau : « Je vis sous l'autel de Dieu les âmes de ceux qui avaient été immolés à cause de la parole de Dieu et à cause du témoignage qu'ils avaient rendu. » Le passage du livre mystérieux vise ces innocents qui jadis, à cause de la parole de Dieu et du témoignage qu'ils avaient rendus à la vérité, furent tués sur le sein de leur mère l'Église par les fils de ce monde.

Le septième sceau

Le septième sceau de la première série fut marqué aux

jours de Néhémie, alors que s'élevèrent les murs de Jérusalem. Le septième sceau de la seconde série sera rompu lorsque la Bête et le Prophète seront jetés dans un étang de feu[39]. Mais j'estime que le temps marqué du signe de ce sceau sera très bref, car il est écrit dans l'Apocalypse. « Quand il ouvrit le septième sceau, il se fit, dans le ciel un silence d'environ une demi-heure[40] », ce qui me paraît indiquer, à cet endroit du texte, une demi-année. La vérité, d'ailleurs, en ceci, doit être laissée au jugement de Dieu.

Ces secrets des sept sceaux et de leur ouverture sont dévoilés, afin que nous sachions dans quel ordre et pour quel achèvement Dieu mènera son œuvre jusqu'au bout, à la consommation des siècles. Cependant, au cours du sixième temps de la première série, une tribulation extrêmement violente désola les peuples ; et, de même, au cours du sixième temps de la seconde série, une tribulation pareille remuera l'Église de Dieu, afin que dans le septième temps le Créateur de toutes choses se repose réellement. Car ainsi qu'au début du monde il compléta en six jours, la création de l'Univers, mais se reposa le septième jour, ainsi a-t-il organisé le cours du monde selon ce même chiffre.

Si le temps est divisé, comme nous venons de le voir, en périodes concordantes, dont le sceau, fermé dans la première est ouvert dans la seconde, les hommes sont divisés en générations qui se succèdent par nombres égaux pendant des périodes de temps égales. Et dans ces générations qui concordent ainsi en nombre d'une période à l'autre, des personnages représentatifs concordent par leurs propres histoires, similaires tantôt dans un sens purement spirituel, tantôt dans deux sens, l'un spirituel, l'autre matériel, celui-ci étant l'image préexistante et en quelque sorte prophétique de celui-là.

Les concordances

D'Adam à Abraham on compte vingt générations.

D'Ozias jusqu'à Jacob, qui fut le contemporain de Zacharie, lequel, déjà vieux, fut le père de Jean-Baptiste, on compte également vingt générations.

Et les similitudes que nous voyons entre Abraham et Zacharie, entre Sara et Élisabeth, entre Isaac et Jean-Baptiste, entre Jacob et le Christ Jésus considéré dans son humanité, entre les douze patriarches et les douze apôtres, permettent d'établir de sûres concordances.

Tout ceci ressort suffisamment dans le second livre de cet ouvrage, où je donne la signification, sinon les raisons de ces concordances, dont parfois un des termes est matériel et l'autre spirituel.

Ainsi Rébecca, mère de Jacob[41], entre en concordance avec Marie, mère de Dieu[42], parce que l'une et l'autre symbolisent l'Église. Ainsi Rachel, mère de Joseph et de Benjamin[43] entre en concordance avec la mère de Jean et de Jacques[44], parce que l'une et l'autre symbolisent l'Église spirituelle. Ainsi Ruben[45] avec André[46] qui, le premier, vint au Christ. Ainsi Juda, fort par la puissance de son bras[47] avec Pierre, robuste par la puissance de sa foi. Ainsi Joseph, aimé par son père, entre en concordance avec Jean, spirituellement aimé par le Christ. Ainsi Dan que Jean — que dis-je ? le Saint-Esprit lui-même par la voix de Jean —, supprime de la liste des patriarches[48] entre en concordance avec Judas qui fut rayé du nombre des apôtres. Ainsi Manassé et Ephraïm avec Mathieu et Joseph.

La liste des générations

La première génération déroule son existence pendant la vie terrestre du Seigneur Jésus-Christ de l'année de son incarnation jusqu'à celle de son baptême.

La seconde, au temps du bienheureux Pierre, prince des Apôtres, et des empereurs romains Gaïus[49], Claude, et Néron. La troisième commence sous le règne de Néron[50] et s'achève aux jours du Pape Clet[51] et de Domitien Auguste[52]. La quatrième commence sous Domitien et s'achève sous le pontificat d'Évariste[53] et le règne d'Adrien[54]. La cinquième commence sous Adrien et s'achève sous le pape Télesphore[55] et l'empereur Antonin[56]. La sixième commence sous Antonin et s'achève aux jours du pape Soter[57] et de l'empereur Marc-Aurèle[58]. La septième commence sous le même empereur et s'achève sous le pontificat de Victor[59] et le règne de Septième-Sévère[60]. La huitième commence sous ce même empereur et s'achève sous le pontificat de Pontien[61] et le règne de Maxime[62]. La neuvième commence sous le même Maxime et s'achève aux jours du pape Sixte[63] et de l'empereur Valérien[64]. La dixième commence sous le même Valérien et s'achève sous le pape Marcellin[65] et l'empereur Dioclétien[66]. La onzième commence sous Dioclétien et s'achève sous le bienheureux pape Sylvestre[67] et l'empereur Constantin[68] qui le premier illustra l'empire chrétien. Ensuite la douzième génération s'inaugure sous le même pape et le même empereur, et se termine sous le pape Libère[69] et Constance l'Arien[70] qui reçut pour successeur Julien l'Apostat. Ainsi le peuple d'Israël, au moment où vivait la douzième génération depuis Jacob eut pour la première fois à sa tête un roi oint de l'huile sainte. Et, de même le peuple des gentils, au moment où vivait la douzième génération depuis le Christ, eut pour la première fois à sa tête un prince chrétien, les ennemis de la foi unique ayant été foulés aux pieds et écrasés dans l'une et l'autre nation. Là, Jérusalem fut choisie et élevée en dignité au-dessus des tabernacles de

Jacob ; ici, l'Église romaine reçut la primauté sur toutes les églises orientales.

On doit savoir que le Christ, qui fut oint par l'Esprit Saint règne sur le peuple chrétien[71]. Roi, père et prêtre. À ceux qui sont du Christ, Pierre dit : « Vous, au contraire, vous êtes une race élue, un sacerdoce royal[72] ». Car la majesté royale convient à la divinité, l'humilité du sacerdoce à l'humanité. C'est pour cela que le Psalmiste s'est écrié : « Tu es prêtre pour l'éternité à la manière de Melchisedech[73] », car Melchisedech fut prêtre de Dieu et roi de Salem. Il importait donc, pour cette raison, que le pontife romain fût à la fois roi et prêtre. Comprenant parfaitement cela, l'Empereur Constantin offrit au bienheureux pape Sylvestre, de son propre mouvement, cette dignité souveraine que lui-même détenait et devait au Christ, véritable roi.

~

La treizième génération depuis Jacob se termina sous Salomon, fils de David, roi de Juda. Pendant cette génération, Dieu donna la paix au roi d'Israël, et la terre, lasse des guerres des nations, se reposa sous le règne de ce prince qui bénéficia d'une grande sagesse, habile à discerner le vrai chemin du faux et à connaître la raison de toutes choses.

La treizième génération à compter de l'Incarnation du Sauveur commença, elle, sous le pontificat de Libère et le règne de Constance, fils de Constantin. Pendant cette génération, Julien, usurpateur du trône impérial qu'il avait occupé presque deux années, mourut ; la paix fut établie, et le repos commença pour le peuple fidèle ; la persécution des païens cessa sur tout l'orbe terrestre pendant le règne des empereurs chrétiens, et déjà le culte des idoles se trouvait réduit à rien. Certes, il demeurait, même après la victoire du christianisme, des adorateurs de faux dieux[74] mais dès lors l'empire et la force furent donnés au peuple chrétien, dont le règne est sempiternel et dont la puissance est perpétuelle.

Quant aux concordances personnelles, nous pouvons comparer Julien qui, alors qu'il était diacre[75] au sein de sa mère l'Église devint apostat, infidèle, et se dressa contre le Christ roi, à ce très orgueilleux Absa.lon qui, profitant d'une conspiration d'hommes tarés, voulut frapper du pied son père David. Nous devons aussi faire remarquer que sous l'Ancien Testament de nombreux rois furent sacrés, car leur règne était court. Mais le Christ, qui demeure éternellement, possède l'Empire sans fin, et nous devons dès lors considérer que toutes les générations du Nouveau Testament se sont déroulées et se déroulent sous le règne unique du Fils de Dieu.

Quatre histoires et leurs concordances (Job, Tobie, Judith, Esther)

Après ces personnages et ces événements dont nous avons établi les concordances selon le plan général de ce livre, d'autres se présentent qui exigent également des concordances spirituelles. J'en citerai quatre principales, quatre histoires qui sont en concordance avec les quatre Évangiles et d'autres œuvres similaires : Job, Tobie, Judith et Esther.

Ces quatre histoires spirituelles ? Les quatre Ordres spirituels, et le Christ Jésus lui-même dans les quatre ouvrages où il nous offre l'exemple de la piété.

La nativité du Christ se rapporte à l'histoire de Job, homme juste et droit, parce qu'il voulut naître d'une femme afin d'être un exemple d'égalité à tous les hommes qui demeurent sur la terre. Sa passion s'accorde à l'histoire du douloureux Tobie. Sa résurrection à Judith. Son ascension à Esther.

~

Joachim a précédemment établi des concordances entre les temps, des concordances entre les générations qui se succèdent dans ces temps, des concordances entre les divers personnages de ces générations. Il va maintenant établir des concordances entre quatre histoires de l'Ancien Testament et les quatre Évangiles. Cette comparaison avec les Évangiles qui vient d'être indiquée n'est pas la seule que Joachim ait imaginée. Ces quatre histoires, et celles qu'il énumère ensuite rempliraient plusieurs pages de ce volume.

De ces correspondances, il a éclairé des événements futurs, et surtout le drame des derniers jours de l'histoire, des luttes suprêmes de l'Église et de l'heure du Jugement. Les passages qui suivent fournissent d'intéressantes indications sur le symbolisme de Joachim et sa façon d'éclairer les événements du passé par ceux, spiritualisés, du présent, et de prédire, par l'étude des événements du passé et du présent, ceux qui se dérouleront dans l'avenir. Au point de vue des conceptions joachimites, l'histoire de Judith apporte des précisions curieuses sur certains des calculs qui permirent à l'abbé de Flore de fixer à l'année 1260 le début du règne du Paraclet.

Job

Il y avait dans le pays d'Ur un homme qui s'appelait Job, juste, craignant Dieu et se détournant du mal. Il avait sept fils et trois filles, de nombreux serviteurs et d'immenses domaines. Le diable demanda qu'il lui fût permis de le tenter et reçut de Dieu le pouvoir de s'y efforcer. Mais Job, demeuré fidèle malgré la tentation, se vit rétabli dans une situation plus prospère que celle dont il jouissait auparavant ; toutes ses richesses lui furent restituées en double, et il vit des fils et des filles remplacer en nombre égal les enfants qu'il avait perdus. Puis il vécut de longues années après ces événements, jusqu'à ce qu'il ait vu les fils de ses fils. Voici la première des quatre histoires. Cherchons donc sa signification cachée, plus digne et plus précieuse que l'affabulation elle-même, comme l'âme surpasse en mérite le corps.

Cet homme juste et droit, et craignant Dieu, c'est celui dont Mathieu dit au Livre de la généalogie de Jésus-Christ, fils de David, fils d'Abraham : « car celui-ci est le Fils de Dieu, qui, alors qu'il était Dieu, fut fait homme pour le salut des hommes[76], et naquit dans la terre d'Ur. » Son épouse symbolise l'Église romaine. Il eut sept fils et trois filles, parce que toute perfection est enclose dans les nombres sept et trois. De là vient qu'il voulut dès le début élire autant de disciples destinés aux sept églises. De là vient que Jean écrivit dans l'Apocalypse à sept anges[77]. De là vient que, dans l'Église romaine sept évêques furent désignés.

Donc les sept fils désignent les prélats des églises ; les trois filles symbolisent les trois églises principales dont la première est celle de la circoncision, la seconde celle des Grecs, la troisième celle des Latins.

Les animaux qu'il possédait symbolisent la multitude des croyants dont les uns, comme des bœufs patients, labourent le champ du Seigneur ; dont les autres sont comme les ânes pleins d'humilité, qui vivent d'une vie simple sous la doctrine des maîtres ; dont les autres encore sont pareils aux innocentes brebis qui se multiplient et sont féconds dans les bonnes œuvres. Car les bœufs sont les prêtres de l'église, les ânes la foule ignorante, les brebis les conventuels.

Mais le diable demanda la permission de le tenter ; Satan eut plus tard la hardiesse de tenter le Maître du ciel lui-même, et réclama ensuite les Apôtres pour les passer au crible comme le froment[78].

Et l'Écriture ne cache point ce qui doit être dans

l'avenir, ce que nous voyons déjà s'achever en partie sous nos yeux, cet ébranlement profond de la constitution même de l'Église au cours de la tribulation suprême que connaîtra le monde aux jours de l'Antéchrist. « Il frappera son propre maître, a-t-il été prophétisé, de la plante des pieds au sommet de la tête[79]. »

Car, une fois les peuples détruits et mis en fuite, les ordres ecclésiastiques dispersés, il épuisera avec truculence tous les genres de supplices sur le petit nombre de ceux qui échapperont aux combats.

Mais sa femme le pressait de blasphémer l'Éternel. C'est ainsi que les pusillanimes qui ne prendront point part à ces luttes des derniers jours murmureront contre Dieu qui permet que les impies puissent prévaloir contre les justes, et, pour les consoler, les exciteront à blasphémer, déclarant qu'il vaut mieux abjurer la foi et se priver de Celui qui est la vie, que de persister dans la fidélité au milieu de tant de maux.

Mais de leur côté les trois amis de Job le condamnaient, lui disant qu'il avait certainement agi d'une manière inique devant Dieu, car le Seigneur n'aurait point permis sans cela qu'il fût frappé de la sorte[80]. Ainsi quelques-uns des croyants qui se trouveront loin des fouets seront émus de compassion, et, voyant le redoublement des tortures, n'attribueront pourtant pas ce martyre au courage et à la patience, mais plutôt au juste jugement de Dieu rendant à chacun selon ses œuvres[81].

Vraiment ceci atteint, pour les torturés, au comble de la douleur, et réalise complètement la parole du prophète : « Je laisserai ma main sur les faibles, dans tout le pays, dit l'Éternel. Les deux tiers seront exterminés et périront. L'autre tiers demeurera. Je mettrai ce tiers dans le feu, et je le purifierai comme l'argent, je l'éprouverai comme on éprouve l'or. Il invoquera mon nom et je l'exaucerai. Je dirai : C'est mon peuple ; et lui dira : L'Éternel est mon

Dieu[82]. »

Tout ceci, à la vérité, de la désolation de Job et de la perte de ses fils ainsi que de toutes ses richesses. Mais en ce temps les mystères cachés et les arcanes des secrets lui furent révélés, de telle sorte qu'il dit au Seigneur : « Mon oreille avait entendu parler de toi ; mais maintenant mon œil t'a vu[83]. »

Nous comprenons clairement ici que d'occultes mystères doivent être révélés aux élus après la tribulation de l'Antéchrist, en conformité avec ce passage de l'Apôtre : « Ne jugez de rien avant le temps, jusqu'à ce que vienne le Seigneur qui illuminera ce qui est caché dans les ténèbres et manifestera les desseins des cœurs[84]. »

Nous y saisissons également une autre concordance avec ce qui advint, au sixième jour, quand souffrit le Seigneur : le voile du Temple se déchira depuis le haut jusqu'en bas, et des sépulcres soudain ouverts, surgirent les corps de saints depuis longtemps endormis dans le Seigneur et qui, après la Résurrection, entrèrent dans la Cité sainte et apparurent à de nombreux témoins[85]. En effet, ce jour verra certainement se déchirer le voile qui demeure jusqu'ici sur le cœur des juifs, et ces cœurs plus durs que la pierre, reconnaissant tout à coup la vérité des mystères divins seront brisés pour la pénitence. Et de nombreuses lumières spirituelles qui sont cachées encore dans les livres divins seront comme éveillées d'un long sommeil et leur apparaîtront.

De tout ceci, il est dit dans Daniel : « Ceux qui auront été savants brilleront comme dans la splendeur du ciel, comme les étoiles dans les perpétuelles éternités[86]. »

La tentation achevée, Job eut un nombre de fils égal à celui qu'il avait auparavant, et tous les biens qu'il possédait jadis lui furent doublés. Cela signifie que l'Église sera rétablie dans le même état qu'aux jours des Apôtres, et qu'elle se réjouira de la multitude des deux peuples, qui sont les juifs et les païens. Et si, jusqu'alors, les nations auront glorifié le Christ sur un mode unique, à partir de ce jour la louange qui montera vers lui sera double, venant des Juifs et des Gentils.

Tobie

Entre l'histoire de Job et celle de Judith, Joachim place celle de Tobie. « La seconde histoire, qui est intitulée Tobie, que dit-elle ? La concordance existe clairement entre cette histoire et l'essence de l'Évangile de Luc, au point que l'on voit l'une subsister nettement dans l'autre. En effet, Tobie fut loué pour avoir été doux. Zacharie est également loué pour la même vertu. L'un est frappé de cécité, l'autre devint muet, et tous deux sont finalement guéris. L'un et l'autre symbolisent les prêtres des juifs qui sont trouvés justes au début, puis qui deviennent incrédules. Ceux-ci furent privés, par un juste jugement du Seigneur, de la vue de Dieu et du pouvoir de prêcher sa grâce. Et ils demeureront ainsi muets et aveugles jusqu'à ce que le peuple des gentils soit né pleinement à la foi du Christ jusqu'à ce que toute la foule des païens soit enfin réunie dans la patrie. Alors, après tant d'années ou de jours, l'aveugle roi retrouvera la lumière et le muet recouvrera la parole. »

Judith

L'histoire de Judith correspond en quelque sorte à l'Évangile de Marc[87], et se rapporte à la résurrection selon l'esprit. D'autre part, elle rapporte qu'enivré de sa superbe, le roi des Assyriens combattit contre Arphaxat, roi des Mèdes et qu'élevé par sa victoire au faîte même de l'orgueil, ce prince eut la présomption de déclarer et d'affirmer qu'il était le dieu de toute la terre. Puis il envoya

Holopherne, général de son armée, afin de soumettre en son nom tous les royaumes qu'il traverserait, et de le faire reconnaître lui-même dieu par toutes les nations qu'il vaincrait. Comme Holopherne avait déjà occupé de nombreuses provinces et vu se prosterner les peuples devant lui ainsi que devant le dieu annoncé, il apprit que les fils d'Israël prenaient des dispositions pour lui résister ; il tourna aussitôt contre eux toutes ses forces, dans le but de les intimider et, dans l'espoir que, par trop accablés, ils envisageraient leur reddition dès qu'ils se rendraient compte que nul secours ne pouvait plus leur arriver.

Cependant Judith, veuve d'une très grande beauté, se trouvait parmi les assiégés. Elle avait vu son mari la quitter pour jamais trois ans et six mois auparavant. Cet homme, du nom de Manassé, était mort dans le temps de la moisson des orges, et elle, son mari disparu, était demeurée chaste. Donc, elle alla vers Holopherne sous une apparence de femme mais avec un cœur d'homme. Elle le fit, et la femme tua l'homme, et la jeune veuve tua le tyran, de telle sorte qu'une main féminine sauva le tout-puissant peuple d'Israël.

Ce célèbre roi Nabuchodonosor qui combattit contre le roi des Mèdes désigne le royaume des Gentils soulevé contre un autre royaume païen, comme si, par exemple, les Sarrasins qui habitent l'Orient se dressaient contre les barbares qui habitent l'Égypte, et comme si tous ces infidèles luttaient les uns contre les autres, ainsi qu'il leur arrive souvent. Dans ce roi qui est élevé après sa victoire sur un trône grandiose et se déclare le dieu de la terre, nous voyons un symbole et le rappel de la sixième vision de Daniel[88] où les dix cornes que vit le prophète sur le front de la Bête sont dix rois qui surgiront, alors qu'un autre surgira après eux et sera plus puissant que ses prédécesseurs...

La veuve Judith, elle, désigne à mon avis l'église orientale qui, dès son origine, s'évada de la loi de la circoncision, et je fonde mon opinion sur ce fait rapporté dans le livre qui porte son nom que son mari mourut au temps de la moisson des orges[89]. Or quel sens devons-nous attacher à ce fait que l'époux de Judith est mort au moment de cette moisson ? Ce sens qu'au temps où chez les anciens juifs les orges se trouvaient prêtes à être moissonnées, le prosélytisme par la circoncision cessait, comme également tout rite de cette coutume.

Examinons maintenant cet autre passage : « Comme il se tenait debout au-dessus des ouvriers qui lient les javelles, le soleil frappa sa tête et il mourut. » Or quels sont ces ouvriers qui lient les gerbes ? Ce ne peuvent être que ceux dont. Dieu a dit : « Je vous ai envoyés pour moissonner là où vous n'avez pas semé[90]. » Donc dire qu'il se tenait debout au-dessus des ouvriers qui liaient les gerbes, et que le soleil l'ayant frappé il mourut, signifie que les prêtres qui, sous prétexte de conserver la loi de Moïse s'opposaient violemment, à cause de la circoncision, à la croyance du Christ, ont provoqué la colère de Dieu et se sont éloignés de la foi, de telle sorte qu'à l'exception du petit nombre de ceux qui se sont joints aux Apôtres, ils sont revenus au judaïsme et ont renoncé à la vraie foi, qui est celle du Christ.

Anne, épouse de Tobie, n'a pas encouru la cécité, la très fidèle Élisabeth ne perdit pas la parole : mais le mari de l'une perdit la vue, et celui de l'autre devint muet. Telle, Judith ne mourut pas en même temps que son mari, mais, demeurant dans la chasteté, devint la mère d'Israël. Ainsi cette Église demeurée en succession des Apôtres dans les pays d'Orient qui s'étaient retirés du christianisme à cause de la circoncision, refusa désormais de tels époux pour évêques, de peur d'être souillée par une mauvaise semence. Et bien que les évêques n'aient pas manqué en Orient, l'Église de ces régions n'a plus eu d'époux, parce que le véritable successeur du Christ siège à Rome depuis le jour où la lumière et le statut de la chrétienté furent transportés dans l'Église occidentale.

Cependant Judith, ayant survécu à son mari, demeura

dans son veuvage trois ans et six mois. Ce profond mystère a sa clarté, car ce nombre fameux est celui qui donne la clef du secret universel. En effet, ces trois ans et six mois donnent quarante-deux mois, et ces quarante-deux mois représentent douze cent soixante jours. Ces jours, à la vérité, sont des années, et leur total aboutit à cette année 1260[91] en laquelle s'arrêtera le Nouveau Testament.

Et comme Judith s'organisa au dernier étage de sa maison une chambre retirée dans laquelle elle demeurait enfermée avec ses servantes, jeûnant tous les jours à l'exception du sabbat et des fêtes du peuple d'Israël[92], elle symbolise également la vie monastique et érémitique que de tout temps embrassèrent de très nombreux Orientaux.

Il convient de noter, à ce sujet, que la vie monastique tire son origine des premiers temps de l'Église primitive, mais que, par suite de la dispersion des apôtres, elle s'affaiblit et disparut. Ce fut plus tard qu'un grand nombre de fidèles, se souvenant de cette vie exemplaire, s'enflammèrent du désir de l'imiter, et, se soustrayant aux tumultes du monde, se retirèrent dans la solitude, en conformité du témoignage de Marc :

« C'est la voix de celui qui crie dans le désert ; préparez les voies du Seigneur, aplanissez ses sentiers[93]. » À cette attitude convient également le verset du Psalmiste : « Voici, je fuirai bien loin, j'irai séjourner au désert[94] ». Et nous ne devons pas nous étonner si Judith devenue veuve mérite de se voir appliquer mystiquement les phrases d'Isaïe :

« Réjouis-toi, stérile, toi qui n'enfantes plus, et clame que tu n'enfantes plus, car les fils de la délaissée seront plus nombreux que les fils de celle qui est mariée[95] ».

Et donc, parce qu'elle se retire au dernier étage de sa maison, fuyant les réunions et se cachant aux regards avec ses servantes, cette femme symbolisa la vie contemplative et cénobitique, et rappelle la femme vêtue de soleil qu'évoque le livre de l'Apocalypse : « Et la femme s'enfuit dans le désert afin qu'elle y fût nourrie pendant douze cent soixante jours[96] ».

O Mystère admirable ! Judith, depuis son veuvage, demeure dans le secret de sa maison, vaquant aux prières et aux jeûnes, un nombre de jour exactement pareil à ceux que la femme mystérieuse de l'Apocalypse passe dans le désert afin d'y être nourrie : douze cent soixante jours — soit un temps, deux temps et un demi-temps. Et nous trouvons là une concordance de plus ; car que signifie être nourrie spirituellement sinon vaquer aux prières et aux psaumes, aux vigiles, aux lectures pieuses, aux jeûnes, et se garder, loin du siècle, immaculée ?

N'avons-nous pas, au surplus, d'autres concordances encore pour le même nombre, avec la bête qui monte de la mer, et dans Daniel, avec le onzième roi[97]. Et si nous devons accepter, pour chaque texte, un sens littéral, ne pouvons-nous pas en admettre un autre choisi selon les lois de la mystique ?

Esther

Le livre d'Esther s'inscrit pour le mérite en quatrième place, parce que la dernière des quatre œuvres du Christ fut l'Ascension. Il symbolise la vie contemplative qui convient aux reines, c'est-à-dire à ces vierges saintes dont le Christ, est l'Époux : voici le sens dans lequel Jean écrivait, que le Christ, Fils unique de Dieu, veut assister aux noces, et ajoute que la mère de Jésus était présente, elle aussi, aux fêtes nuptiales[98]. Parmi les ornements et les délices dont s'enchantaient les convives du grand roi Artaxerxès, nous voyons figurer en bonne place le vin, et ce fut dans l'ivresse du banquet que commença la série des événements qui devaient aboutir au triomphe d'Esther[99].

Or nous voyons également que le premier miracle du Christ dont Jean fasse mention consiste dans le changement d'eau en vin qui rendirent célèbres les noces de Cana, miracle destiné à nous faire clairement entendre que là où est l'amour de Dieu, symbolisé à juste titre par le vin, là sont les fiançailles mystiques de l'âme[100].

Ainsi le bienheureux Jean montrait que cette fête nous offrait le mystère des noces du Christ et de sa sainte Épouse l'Église. Comme Jean-Baptiste le dit de lui-même lorsqu'il rappelait qu'il avait été l'annonciateur du Christ : « Celui à qui appartient l'Épouse, c'est l'Époux ; mais l'ami de l'Époux qui se tient là et qui entend éprouve une grande joie à cause de la voix de l'Époux[101]. »

Tout ceci fut écrit en vue des Concordances.

Le roi puissant qui figure dans l'histoire d'Esther s'appelle Assuérus ou Artaxerxès, car il avait deux noms : ainsi symbolise-t-il le Christ, dont l'Ange dit à sa mère Marie : « Celui-ci sera grand, et il sera appelé le Fils du Très-Haut[102] ».

Les cent vingt provinces sur lesquelles il régnait symbolisent la multitude des églises qui furent fondées dans l'espace et dans le temps, cent-vingt contenant deux fois soixante perfections inhérentes au premier et au second état, et sept bénédictions relevant du troisième état du règne spirituel. Et nous voyons en corrélation avec ce chiffre, qu'au jour de la Pentecôte, suivant la tradition, ce fut sur cent vingt disciples que descendit l'Esprit-Saint[103] et que, peu de temps après, ce furent sept hommes que les apôtres firent choisir pour les aider dans leur ministère[104].

D'autre part la cité de Suse fut la capitale d'Assuérus, ce qui nous rappelle qu'il y eut depuis le début du monde une part du genre humain sur laquelle le Très Haut devait spécialement régner. La troisième année du règne d'Assuérus[105] symbolise le troisième état du monde au cours duquel Dieu choisit Abraham et sa postérité, leur imposant la circoncision dans la Loi[106], afin qu'ils fussent les convives désignés du banquet divin, et participassent à sa parole.

Cent quatre-vingts jours font six mois qui représentent les six temps pendant lesquels la circoncision et la loi demeurèrent imposées, et qui vont d'Abraham jusqu'à Jean-Baptiste. Et nous voyons dans Mathieu quarante-deux générations qui font six semaines de générations[107].

Donc, les cent quatre-vingts jours écoulés, le roi ordonna d'organiser un festin général de sept jours auquel devaient être conviés tous ceux qui habitaient Suse[108]. Car après que le temps de la circoncision et de la loi fut écoulé, le Fils de Dieu, se manifestant dans la chair, répandit abondamment sur tous ses élus la grâce de la prédication évangélique, et appela indifféremment les grands et les petits au banquet céleste qu'il répandit pour les fidèles.

Il est écrit, en effet, dans l'Évangile que depuis les jours de Jean-Baptiste le royaume des cieux est forcé et que ce sont les violents qui s'en empareront. Le banquet est préparé non plus dans la maison, mais dans le jardin. C'est qu'il se montra d'abord aux seuls juifs, puis se manifesta, sous l'apparence de notre humanité mortelle, à tous ceux qui pouvaient venir.

Les préparatifs que le roi fait faire dans le lieu du banquet n'ont pas d'autre signification mystique que les paroles du Christ dans l'Évangile : « Tout est prêt, venez aux noces ». Elle était, la tente précieuse non tissée par la main des hommes, l'Église des disciples qu'il choisit dès le début, et dans laquelle le maître marqua leur place, pour l'intégrité de la foi, aux faibles comme aux forts ; à quelques-uns pour la patience de leur longanimité, pareille aux cordes tirées ; à d'autres pour la hauteur de leur science, pareille au velours tendu au plafond ou aux chérubins dont les ailes protectrices sont croisées ; à d'autres pour le calme de la contemplation, pareil aux lits préparés pour le repos, à d'autres encore pour l'éloquence de la prédication, semblable à des vases d'or répandant le vin. Les sept jours pendant lesquels fut servi le repas royal symbolisent ce temps bienheureux qui vit le Seigneur baptiser par lui-même, puis par ses Apôtres, et qui appela au banquet mystérieux ceux qui se trouvaient préparés à la vie, Mais ceux qui furent appelés ne voulurent pas venir[109].

Cependant ce grand roi continua le festin jusqu'au sixième jour. Et le septième, brûlant de l'ardeur du vin, il fit appeler la reine Vasthi afin de montrer sa beauté à tout ce peuple assemblé[110]. Mais la souveraine ne tint pas compte de son ordre et refusa de venir.

Un juif même pourrait-il ne pas saisir le sens de tout ceci ?

Les six premiers jours de ce festin désignent trois années, le temps de la prédication du Christ en ce monde. Et, dans l'avenir, le septième jour sera le temps où les fidèles connaîtront l'ivresse dont l'Esprit Saint baigne les cœurs qu'il visite. Alors, comme un vin ardent, les dons du Saint-Esprit réchaufferont les élus. Ainsi le Christ a-t-il étendu sa charité jusqu'aux juifs hostiles, en souvenir de la promesse qu'il avait faite à Abraham, Isaac et Jacob et de l'alliance qu'il avait contractée avec la synagogue dans les jours où elle le suivit à travers le désert. Elle seule l'avait alors reconnu comme l'auteur de l'harmonie qui règne dans l'univers, et c'est de la race juive que Celui qui prend sur lui les péchés du monde, reçut depuis la nature humaine.

Cependant le roi, l'esprit enflammé par les libations, avait envoyé, ses sept eunuques chercher la reine Vasthi pour l'amener au banquet royal, mais celle-ci refusa de venir. Ainsi le Christ Jésus, au moment où il allait s'élever au ciel, dit à ses disciples, entre autres choses : « Vous serez mes témoins à Jérusalem et dans toute la Judée, dans la Samarie et jusqu'aux extrémités de la terre[111] ».

Ordonnant à ses disciples qu'ils fussent ses témoins à Jérusalem et dans toute la Judée, et dans la Samarie, il ordonnait donc vraiment d'inviter la Synagogue au banquet céleste. Mais celle-ci refusa d'écouter son appel, et s'occupant de ses fils selon la chair, se récusait, ne voulant pas assister au festin spirituel.

D'autre part le livre d'Esther nous conte que la reine prépara, dans le palais d'Assuérus, un banquet pour les femmes[112]. Autrefois, le Dieu tout-puissant habitait comme sa propre demeure le temple ornementé et superbe élevé par les juifs, et la synagogue n'écouta pas le Christ afin de continuer à paraître toujours sous l'aspect de celle qui défend les traditions ancestrales. Les sept eunuques qui sont envoyés par Assuérus pour chercher la reine symbolisent les prédicateurs du Saint Évangile, car il est notoire que les apôtres élurent précisément sept chefs des diacres[113]. Et si nous lisons plus avant dans le texte sacré, nous nous rendrons compte que les sept princes des provinces qui se trouvaient immédiatement auprès du roi et dont Assuérus prenait le conseil en toutes choses[114], symbolisent les pasteurs des Églises, comme, sans nul doute, si nous nous reportons à l'Apocalypse, les sept étoiles sont les sept anges des sept Églises[115].

Poursuivons notre lecture. Nous voyons que le prince Mamucan, qui était le dernier des sept princes, donna tort à la reine Vasthi[116]. Or Paul est le plus admirable des prédicateurs et fut, alors qu'il se trouvait le dernier venu des apôtres, le premier à déclarer la Synagogue indigne de la table du Christ.

Donc Assuérus, par l'entremise des sept eunuques, pria la reine Vasthi de venir au banquet royal. De même les prédicateurs envoyés par le Christ appelèrent la Synagogue au festin spirituel. Mais celle-ci ne consentit pas à écouter leur appel et refusa de venir. Et celle-là fit un signe négatif et refusa de venir. Assuérus fut indigné par la résistance de la reine Vas.thi. Le Christ fut indigné du refus de la Synagogue.

Mais la condamnation de la reine Vasthi fut réclamée par un des sept princes. Celle de la perfide synagogue fut prononcée par Paul.

Et nous voyons que Paul dit aux Juifs qui ne voulaient pas recevoir la parole de Dieu :

« C'est à vous premièrement que la parole de Dieu devait être annoncée ; mais puisque vous la repoussez et que vous vous jugez vous-mêmes indignes de la vie éternelle, voici, nous nous tournons vers les païens. Car ainsi nous l'a ordonné le Seigneur : Je t'ai établi pour être la lumière des nations, pour porter le salut jusqu'aux extrémités de la terre[117]. »

À la vérité, d'ailleurs, je ne dis pas que le mystère a été consommé par le seul apôtre Paul, mais en lui et en tous ceux qui l'aidèrent, en tous ceux qui furent pareillement zélés pour la foi du Christ et répandirent sur les Juifs incrédules — pour reprendre l'expression de Jean — la coupe de la colère de Dieu[118].

Les scribes et les pharisiens de la synagogue, qui jugeaient leurs subordonnés, furent sévèrement punis selon la maxime de l'Évangile qui s'applique à tous : « Ne jugez point afin que vous ne soyez point jugés. Car on vous jugera du jugement dont vous jugerez[119]. »

La sentence confirmée, la reine Vasthi fut éloignée du royaume[120]. Alors les commissaires du roi cherchèrent de nombreuses jeunes filles qui furent amenées au lit du roi jusqu'à ce qu'il eût choisi pour lui donner l'empire et remplacer Vasthi, celle dont il préférerait la beauté ; de même, une fois la Synagogue éloignée, les apôtres furent envoyés prêcher dans le monde entier et dans toutes les parties du monde ils appelèrent au festin du Christ toutes les églises[121], jusqu'à ce que se présentât celle-là dont il est écrit dans le livre des Psaumes : « La reine est à sa droite, parée d'un vêtement tissé d'or (Ps. 45-10 et 14.). »

Ainsi beaucoup de vierges furent amenées au roi Assuérus, et beaucoup d'églises furent appelées au festin du Christ. Quant à l'eunuque qui gardait les candidates au trône lorsqu'elles avaient été amenées au roi, il symbolise les évêques du premier temps qui apportèrent les commandements de la vie spirituelle aux nouveaux convertis...

Toutes les vierges s'appliquaient, avec les ornements reçus de l'eunuque, à composer leur beauté pour plaire au roi. Et cependant Esther plut davantage dans sa simplicité et trouvait grâce aux yeux de tous. Ainsi combien de choses furent dites de la plupart des églises qui apparaissaient pleines de modestie et dignes de louanges ? Et cependant le Christ préféra l'église de Pierre, disant : « Tu es Pierre, et sur cette pierre j'édifierai mon église et les portes de l'enfer ne prévaudront pas contre elle[122] ». Il plut à Assuérus d'élever Esther ; ainsi plut-il au Christ de préférer entre toutes les églises l'église romaine.

Esther était privée de père et de mère, et Mardochée, portier du roi, son oncle paternel, avait nourri cette orpheline et l'avait adoptée toute enfant. Ainsi Pierre, portier du Paradis, éleva avec soin l'église occidentale, qu'il avait réellement trouvée orpheline et, l'ayant adoptée comme sa fille et comme sa propre nièce, la conduisit diligemment auprès de son roi.

Mais comment est-elle sa nièce ? Est-ce que l'église des gentils descend de la race hébraïque ? Pas du tout. Mais lorsque Noé bénit ses deux fils, il prophétisa ainsi l'avenir de l'église des gentils : « Que Dieu, dit-il, étende les possessions de Japhet et qu'il habite dans les tentes de

Sem[123] ». Donc, tandis que Sem, fils de Noé, demeurait attaché à la foi jusqu'à Pierre, la race de Japhet abandonna la grâce ; et il arriva que Pierre se chargeât de cette église et l'éleva, non pour sa propre glorification, mais pour son roi, et la prépara à devenir la reine des nations et la princesse de toutes les provinces. Ceci, à la vérité, jusqu'à l'heure présente.

Jusqu'à l'heure présente : mais dans un proche avenir un autre Aman doit surgir à cause des péchés des peuples et cherchera à soumettre sous son autorité Mardochée toujours rebelle. Devant l'obstination de ce dernier, il songera même à l'effacer de la terre avec tout son peuple. Celui-là sera le fils de perdition qui s'élève au-dessus de tout ce qu'on appelle Dieu ou de ce qu'on adore, jusqu'à s'asseoir dans le temple de Dieu, se proclamant lui-même Dieu.

L'apparition de cet impie se fera, par la puissance de Satan, avec toutes sortes de miracles, de signes et de prodiges mensongers, et se présentera avec toutes les séductions de l'iniquité pour ceux qui périssent parce qu'ils ne voulurent pas obéir à la vérité, pour ceux auxquels le Dieu juste envoie une puissance d'égarement[124]. Et parce qu'au milieu de l'universelle soumission des hommes, seuls le Pontife romain et les fidèles lui résisteront, ce fils de perdition s'érigera contre lui et contre eux de toutes les forces de sa malice.

… Sur l'ordre du roi Assuérus tout le peuple fléchissait le genou devant Aman. Et seul, ainsi que je l'ai dit, Mardochée refusait d'adorer le favori du moment. Aussi celui-ci, qui avait déjà obtenu du roi l'autorisation de faire disparaître de la surface de la terre le peuple juif tout entier, et que rendait furieux la constance de Mardochée, se rendit chez le roi, tout irrité, afin de faire pendre au gibet son ennemi, comme contumace[125]. Or cette nuit-là, le roi ne pouvait dormir, et s'étant mis à lire d'anciennes chroniques, il y trouva un passage qui l'incita à croire que d'insolites honneurs avaient été décernés quelque temps auparavant à Mardochée pour le récompenser d'un haut service. En effet, deux eunuques avaient comploté de tuer Assuérus et Mardochée, ayant surpris leur projet, l'avait aussitôt rapporté à Esther qui l'avait révélé au roi, de la part de son oncle. Les deux conspirateurs, la vérité reconnue sur leur velléité d'attentat, avaient reçu le prix convenable de leur scélératesse. Mais le roi, ainsi sauvé de la mort par l'habileté et la fidélité de Mardochée, n'avait que formé le dessein de récompenser son sauveur, puis avait oublié de donner suite à son idée justicière. La lecture de son livre lui ayant remis en mémoire son ingratitude, il réfléchit longuement, se demandant quelle récompense serait suffisante pour reconnaître un tel mérite[126].

Cependant, surgissant dès la pointe du jour, Aman se présenta au palais pour réclamer le supplice de Mardochée. Mais aussitôt, Assuérus lui demanda quel geste honorerait l'homme que le roi désirerait récompenser. Infatué d'une incroyable présomption, ne craignant d'autre part nulle humiliation mais pensant au contraire que le roi ne pouvait vraiment parler que de lui, le favori, Aman s'empressa de déclarer qu'il fallait placer cet homme sur le cheval du roi et le faire promener à travers la ville par un des plus hauts dignitaires chargé de crier devant lui : « C'est ainsi qu'il convient d'honorer celui que le roi veut honorer. » Le roi en décida ainsi, lui ordonna d'honorer de la sorte Mardochée, et finalement le fit pendre au gibet qu'il avait jadis préparé pour un innocent[127]. Celui qui creuse une fosse y tombera[128].

À la suite de ces événements, Mardochée fut élevé au sommet des honneurs et reçut la puissance et la gloire qui venaient d'être enlevées à Aman. Il fut annoncé dans tout le royaume d'Assuérus qu'il était illustre dans le palais, et le second après le roi[129].

Toutes ces choses furent alors réalisées selon la lettre comme elles devaient se réaliser plus tard sur le plan spirituel. En effet, Mardochée, qui divulgua la perfidie des deux eunuques complotant de massacrer Assuérus, symbolise la foi en Dieu des Pontifes romains qui ne purent retenir les hérétiques. Ceux-ci, dissidents de la foi catholique, errèrent, les uns sur le dogme de la sainte Trinité, les autres sur le dogme de l'Incarnation. Mais les nombreuses tribulations qui furent suscitées par les rois goths et par les empereurs de Constantinople furent consignées dans le livre du souvenir devant Dieu, et reposent dans la mémoire éternelle, afin que le vicaire de Pierre en reçoive la juste récompense, au jour mauvais — que dis-je ? au jour opportun. Car lorsque l'Antéchrist pensera être élevé par son orgueil au-dessus de tous les êtres humains et porté jusqu'aux nuées, il s'efforcera, de toute sa puissance, de toute la force de son cœur, d'effacer de la terre jusqu'au nom du Pontife romain et de son peuple.

Alors le Seigneur, se souvenant de ses élus, passera toute une nuit insomnieuse, afin qu'il soit rendu à chacun selon ses œuvres. Ce sera, cette nuit-là, la nuit de la tribulation et de l'angoisse[130]. Nuit où, comme je l'ai dit, plus haut, toutes les bêtes de la forêt seront en mouvement[131]. Quant à Aman qui songeait à balayer de la terre la race entière de Mardochée et des juifs, il ne le pouvait qu'en le demandant au roi. Et qu'est-il écrit dans le Psaume ? « Les lionceaux rugissent après leur proie, et demandent à Dieu leur nourriture[132]. » Et dans l'Évangile que dit le Seigneur à Pierre ?

« Voici, Satan vous réclame pour vous cribler comme le froment. Mais j'ai prié pour toi, afin que ta foi ne défaille point[133]. » Car il est permis à Aman d'attaquer Mardochée, mais non pas de le perdre.

La reine invita Aman avec le roi[134]. Cette duperie rappelle le mensonge d'amitié d'Herchaï à Absalon, lorsque l'Arkien, ami de David, cria : « Vive le roi ! Vive le roi[135] ! », comme s'il venait de se brouiller avec David, et trompa ainsi le révolté. Toutefois sera-t-il licite pour l'Église d'abattre l'Antéchrist par la ruse ? À Dieu ne plaise ! Seulement, de même que la pieuse fraude de Jacob ne symbolise pas une fraude du peuple païen, mais sa foi, mais sa déférente soumission, mais son affection, la pieuse ruse d'Esther ne symbolise pas une fraude de l'Église, mais sa douleur tandis qu'elle devra combattre un homme inique élevé jusqu'aux astres, s'assimilant lui-même au Très-Haut, et réclamant pour sa propre glorification le sacrifice de la louange...

Sur l'ordre du roi, Aman fut pendu au gibet élevé qu'il avait fait préparer pour Mardochée[136]. L'Antéchrist sera puni de la même manière. Tous ceux qui s'étaient déclarés partisans d'Aman furent exterminés par les juifs[137]. De même seront exterminés ceux qui furent les sectateurs de l'Antéchrist (sauf ceux qui, s'étant trompés sans malice, reviendront à Dieu). Mardochée fut exalté ; la puissance et la gloire d'Aman lui furent données. Ainsi le souverain Pontife qui sera en ces temps le successeur de Pierre sera exalté, afin que soit pleinement réalisée la prophétie d'Isaïe : « Il arrivera dans la suite des temps que la maison de la montagne de l'Éternel sera fondée sur le sommet de la montagne, qu'elle s'élèvera par-dessus les collines, et que toutes les nations y afflueront. Des peuples s'y rendront en foule, et diront : venez et montons à la montagne de l'Éternel, à la maison du Dieu de Jacob ; il nous enseignera ses voies et nous marcherons dans ses sentiers. Car de Sion sortira la loi, et de Jérusalem la parole de l'Éternel. Une nation ne tirera plus l'épée contre une autre, et l'on n'apprendra plus la guerre[138] ».

Après les concordances entre l'Ancien et le Nouveau Testament dont nous venons de voir les principaux exemples, Joachim montre comment doivent être interprétées les prédictions ou compris les événements de la vie des prophètes.

Amos

Amos prophétisa contre les fils d'Esaü et déclara qu'ils seraient foulés aux pieds par les fils d'Israël. Cette prédiction désigne dans les fils d'Esaü le peuple des Juifs, et dans les fils d'Israël les gentils qui croiront au Christ, parce que ceux-ci, s'emparant du Saint Testament, posséderont l'héritage de ceux-là.

Jonas

Jonas, envoyé à Ninive, s'enfuit vers Tarse ; aussitôt la mer se souleva contre ce prophète qui n'obéissait pas aux ordres de Dieu, et, comme il était précipité du vaisseau sur lequel il avait pris passage, un énorme poisson l'engloutit. Mais il fut rejeté sur le rivage et contraint de prêcher. Il criait donc dans les rues de Ninive « Encore quarante jours, et Ninive sera détruite ! » Les Ninivites, en écoutant la prophétie de Jonas, se hâtèrent de faire pénitence. Jonas symbolise ainsi le Fils de Dieu, envoyé dans ce monde par son Père pour racheter les nations. Nous comprenons qu'il était caché lorsque nous l'entendons dire : « Il n'est pas bon de prendre le pain des enfants et de le jeter aux chiens[139]. » Ou ceci encore : « N'allez pas vers les païens, n'entrez pas dans les villes des Samaritains ; allez plutôt vers les brebis perdues de la maison d'Israël[140]. » Ainsi, lorsque le Christ eut quitté son Père, il cacha d'abord son dessein d'étendre aux gentils le salut qu'il apportait. Et comme la mer se souleva furieusement contre Jonas, le tumulte des Juifs s'éleva contre lui, lorsqu'ils crièrent : « Ôte ! ôte ! crucifie-le ! »

Le Fils de l'homme passa ensuite trois jours et trois nuits dans le tombeau, comme Jonas passa un nombre égal de jours et de nuits dans le monstre. Puis lorsque le poisson l'eut rejeté sur le rivage, Jonas fut envoyé à Ninive ; ainsi le Christ, après qu'il eût été ressuscité d'entre les morts, alla vers les nations par ses membres spirituels. Et les habitants de Ninive, qui firent pénitence au point que le Seigneur décida de ne point faire tomber sur eux le châtiment qu'il leur avait préparé, symbolisent la conversion et la pénitence des peuples, qui incitent Dieu à ne pas frapper trop vite les coupables, comme il épargne les railleurs de ce temps-ci. Pierre a écrit : « Dans les derniers jours il viendra des moqueurs agissant selon leurs propres convoitises, et disant : où est la promesse de son avènement ? Car depuis que les pères sont morts, tout demeure semblable à ce qui se passait au début de la création[141] ». À ces paroles, et à d'autres qui les suivent, l'Apôtre ajoutait : « Le Seigneur ne tarde pas dans l'accomplissement de la promesse, mais il use de patience envers vous, ne voulant pas qu'aucun périsse, mais voulant que tous reviennent à la pénitence[142] ».

Ce ne sont pas seulement les récits qui doivent être interprétés spirituellement ; mais nous trouvons encore dans l'œuvre même des personnages illustres de l'Écriture Sainte des indications précieuses sur le symbolisme du monde. Un prophète, par exemple, a prédit des événements historiques pour une période déterminée du premier état, mais, en même temps d'autres événements historiques similaires qui se sont produits ou se produiront au cours de la période correspondante du second état. Également, il a pu prédire des événements matériels, et, en même temps, par le même texte, des événements mystiques dont les premiers ne sont que l'image terrestre. On l'a vu dans les quelques lignes consacrées à Amos ; on le verra avec plus de précision dans le passage consacré à Jérémie.

Jérémie

Jérémie, à prendre son œuvre à la lettre, pleure les péchés des Juifs et, si nous nous en rapportons à la concordance, les crimes des Latins. Il prophétisait, à le suivre littéralement, la destruction de Jérusalem et, d'après l'interprétation spirituelle, la désolation de l'Église. Il indique, à le suivre littéralement, la nécessité de la punition de Babylone et, d'après l'interprétation spirituelle, la nécessité de la punition de cette grande cité qui règne, comme l'ange le dit à Jean, sur les rois de la terre. Il prédit, à le suivre littéralement, que Jérusalem sera rebâtie ; et selon l'interprétation spirituelle, que l'Église se relèvera de sa chute. Il prédit également, que de nombreux rois doivent venir du pays des Mèdes et marcher contre Babylone, et cette prédiction, parce qu'elle ne s'est pas complètement réalisée dans l'antique Babylone, devra se compléter, sur le plan spirituel, dans la cité moderne.

Cette règle de compensation est d'ailleurs à peu près générale en ce qui concerne les oracles des prophètes. C'est ainsi que Dieu ne voulut pas que toutes les prédictions faites sur le successeur de David pussent recevoir leur réalisation complète en Salomon, afin que nous soyons amenés à comprendre clairement qu'un autre Salomon devait venir en qui toutes les choses annoncées devaient trouver leur achèvement.

C'est ainsi, également, que l'on ne vit pas, conformément à la prophétie de Jérémie[143], de nombreux rois des Mèdes combattre la capitale de la Chaldée, mais un seul, et ceci pour que nous comprenions que toutes les forces de l'esprit doivent se tourner bien plutôt contre cette Babylone dont l'ange a dit à Jean : « Les dix cornes qui hérissent la bête haïront la prostituée, la dépouilleront, et la mettront à nu, mangeront sa chair et la consumeront par le feu[144]. Et plus haut l'ange disait : "Les dix cornes que tu as vues sont dix rois", soit parce qu'ils seront dix en vérité, soit, parce qu'ils seront nombreux. C'est encore que quelques-unes des promesses faites par les prophètes à Jérusalem et à son peuple à propos de la venue du Messie apparaissent vaines, afin que le peuple juif apprenne à connaître la Nouvelle Jérusalem, qui est Rome. Les pierres précieuses de cette cité sont les apôtres, les martyrs, les confesseurs et les vierges, celles-là qui servent d'assises à Jérusalem et dont Jean rapporte tant de choses glorieuses : ceci pour que nous comprenions que c'est bien elle dont parlait le psalmiste lorsqu'il disait que tous ceux qui se réjouissent ont leur habitation en elle[145]. La prophétie s'applique aux rois de la terre et à la venue du Seigneur.

Le rythme des concordances a ses exigences. Et la même prophétie traite, dans le sens littéral, de la fin du royaume des Juifs sous les coups des Égyptiens, au temps de Josias[146], et, dans le sens mystique, en appliquant le système des concordances, de ce temps de l'Église qui commence sous le règne de Léon, pape[147] qui, vaincu, fut fait prisonnier par les Normands, qui fut pieux, et qui mena une vie digne de louanges.

Conclusion du livre de la concordance

Ayant donc, avec la grâce du Christ, terminé ce petit ouvrage, je me trouve dans l'obligation de répondre à ceux qui me taxent de présomption que je ne l'ai entrepris que poussé par l'unique sentiment de la charité, car je sais bien qu'il est écrit dans le livre des Psaumes : « Dieu dissipera les os de ceux qui cherchent à plaire aux hommes parce que Dieu les méprise ». Qu'ils sachent donc que je n'ai commencé ce livre ni par une présomption orgueilleuse, ni par une sorte de sécurité dans la piété, ni par une assurance formelle dans la force de mon esprit, mais parce que le temps était venu de dire au monde ces choses que je viens de dire. Celui qui dans tous les siècles multiplia ses œuvres et qui les achève comme il le veut et quand il le veut, a voulu que ces secrets fussent révélés à ses serviteurs dans ce livre, non pour donner une pâture à leur curiosité, mais pour leur fournir un avertissement nécessaire, afin que nous sachions combien de fléaux sont préparés pour punir nos péchés ; et que si quelqu'un demeure encore de la race de Loth, il se hâte de fuir du pays des Sodomites ; et que si quelqu'un demeure de la famille de Noé, il rentre dans l'Arche parmi ceux qui seront sauvés du déluge.

Ils étaient saints, ceux auxquels il fut dit : « Il ne vous est pas donné de savoir le temps et le moment que le Père fixa dans sa toute-puissance. » Mais à quoi, justement, leur aurait servi de savoir ces choses ? C'est à nous, qui verrons, et non aux disciples qui ne devaient pas voir, qu'il fut dit : « Quand vous verrez ces choses, alors le Fils de l'Homme sera proche... »

Donc ce n'est point parce que j'aime les louanges des hommes ou la récompense de la faveur, toutes ces flatteries qu'il est impie de désirer ou d'espérer, que j'ai composé cet ouvrage, et je m'en remets à Dieu du payement de mon labeur. Et je prie mon lecteur, si quelqu'un daigne lire ceci, qu'il veuille bien s'épancher pour moi devant le Dieu tout-puissant, en longues et ferventes prières, afin que si la venue de ces jours dont nous avons parlé me trouve vivant, il me soit accordé de combattre le bon combat pour la foi du Christ, et de parvenir avec les confesseurs du Christ au royaume céleste.

Amen. Amen. Amen.

À VENISE FUT ACHEVÉ CET OUVRAGE
PAR SIMON DE LUERE
LE 13 AVRIL 1519.

14 La traduction de la *Concorde* a été faite sur l'édition de Venise de 1519. Divini abbatis Joachim Liber Concordie Novi ac Veteris Testamenti, nunc primo impressus et in lucem editus, opere equidem divinum ac aliorurn fere omnium tractatuum suorum fundamentale, divinorum eloquiorum obscura elucidens, archana referans necnon eorundem curiosis sitisbun.disque mentibus non minus satietatem afferens. In fine a Venitis completum fuit hoc opus pe Simonem de Luere, 13 aprilis 1519. Venitiis 1519-in-4-4 ff. non chiffrés, 135 ff. chiffrés.
15 Ps. 139.
16 .Jonas.
17 Isaïe, 56.
18 Ps. 68.
19 Luc, 12.
20 Math., 24.
21 Math., 24.

22 Jér., 23.
23 Gen., 6-1,2. Il est, en effet, assez longuement parlé dans la vision d'Hénoch de l'amour des anges et des femmes, ces amants célestes ayant fait à leurs épouses mortelles de dangereuses confidences. Nous possédons plusieurs versions de cet ouvrage. Dans celle que publia M. Lods, Hénoch est chargé par les anges coupables de plaider leur cause auprès de l'Éternel, mais Dieu refuse de leur faire grâce. Dans la version slave, Hénoch, en traversant le cinquième ciel, croise une foule innombrable d'anges silencieux : ce sont les frères de ceux qui, dans les forêts de l'Hermon, s'unirent aux filles des hommes et furent condamnés à demeurer enchaînés sous terre jusqu'au jour du Jugement.
24 Gen., 7-13.
25 Proverbes, 15.
26 L'embrasement de Sodome prend naturellement place avec le déluge dans la série des jugements de Dieu rapportés par l'Ancien Testament et que Joachim examine au début de cet ouvrage. Il présente pour lui un intérêt de premier ordre. En effet, suivant ses calculs, cette catastrophe a précédé l'époque du premier sabbat, comme, dans la série des concordances, le châtiment de Babylone se produisit avant l'époque du second sabbat, et comme se produira, avant l'ouverture de la dernière période sabbatique le châtiment de la nouvelle Babylone.
27 Psaumes, 14.
28 Gen., 18.
29 Ce vaste lac qui s'étendait au milieu de la région ponctuée des puits de bitume où s'engloutirent les fuyards de l'armée vaincue par Chodorlohamor (Gen, 14-10) est bordé par les monts de Moab. Contrairement à une tradition très répandue et que semble bien accueillir Joachim de Flore, Sodome et Gomorrhe ne furent pas englouties par les eaux du lac ; leurs ruines ont subsisté longtemps, et sont signalées par Strabon avec celles des autres villes détruites dans la même catastrophe, Adama et Séboïm. Ces ruines demeuraient ensevelies sous le bitume dans la vallée où fleurissaient encore, du temps de Moïse, des vignes dont le Deutéronome dénonce les plants empoisonnés (Deut. 32-32) et où ne poussent, maintenant que des gommiers et les pommiers de Sodome dont les fruits ont le goût de la cendre. Sodome devait se trouver auprès de Djébel-Isdoum, et Gomorrhe sur l'emplacement actuel de Ghmer. Il y eut, au moyen âge, des évêques de Sodome et Ségor. Edrisi, le géographe arabe que Joachim de Flore avait connu à la cour de Roger II désignait la mer Morte sous le nom de mer de Ségor.

30 Jean-Baptiste, c'est Élie. « Jean-Baptiste et Élie lui-même, revenu avec son manteau de poils et son pagne de cuir », P.-L. Couchoud. *Le mystère de Jésus.*

31 « Allegoria, quasi alieni loquium dicitur quando non per voces, sed per rem factam alia res intelligitur, ut per transitum maris rubri, transitus intelligitur per baptisma ad Paradisum. » Hugues de Saint Victor.

32 Luc., 1-20.

33 Jean, m 9.

34 Zacharie, pape de 741 à 752. Il eut à intervenir dans les affaires de France. En 751, en effet, Pépin, fils de Charles-Martel, lui envoya Burchard, évêque de Wurtzburg et Futrad, prêtre-chapelain, pour consulter sur les droits au trône de Chilpéric III, que les principaux seigneurs francs avaient été chercher dans un monastère, et qui ne jouissait d'aucune autorité dans son royaume. Zacharie ayant estimé que la royauté revenait naturellement à celui qui l'exerçait en fait, Pépin fut proclamé.

35 Ezéchias, fils d'Achaz, roi de Juda de 725 à 695. Il s'allia aux Égyptiens contre les Assyriens et lutta contre Sennachérib.

36 Bedorac-Baladan, fils de Baladan. Il envoya une lettre et un présent à Ezéchias, dont il avait appris la maladie (II, Rois-20-12). C'est aux envoyés de ce roi qu'Ezéchias montra tous les trésors de son palais qui devaient plus tard être enlevés et transportés à Babylone.

37 Nabuchodonosor, roi de Babylone de 605 à 562. Il prit Jérusalem d'assaut, dévasta le Temple de Salomon et emmena le peuple juif en captivité.

38 Henri Ier l'Oiseleur, roi d'Allemagne 914-936, rompit avec la politique religieuse des princes qui le précédèrent, et, en particulier dans les nominations aux abbayes, combattit les prérogatives ecclésiastiques.

39 Ap., 19-20.

40 Ap., 8-1.

41 Gen., 25.

42 Luc., 2.

43 Gen., 30.

44 Math., 20.

45 Gen., 46.

46 Jean, 1.

47 Gen., 49.

48 C'est en s'appuyant sur le passage de l'Apocalypse visé ici par Joachim que certains commentateurs ont désigné la tribu de Dan comme celle d'où devait naître l'Antéchrist. En réalité, et

parfois pour des raisons d'équilibre ou d'eurythmie, certains auteurs ont omis d'autres tribus dans leurs listes. Celle de Lévi n'est pas mentionnée au ch. 3 des Nombres, et celle de Siméon est supprimée dans Deut. 33. Aussi bien Joachim lui-même, pour établir des concordances exactes, s'autorisait-il de cet usage juif et passait-il délibérément sous silence certains personnages dans une énumération.
49 Caligula.
50 Néron, 54-68.
51 Clet, 78-90.
52 Domitien, 81-96.
53 Saint Évariste, 112-21.
54 Adrien, 117-138.
55 Saint Télesphore, 142-154.
56 Antonin, 138-161.
57 Saint Soter, 175-182.
58 Marc-Aurèle, 161-180.
59 Saint-Victor Ier, 193-203.
60 Le texte de Joachim donne ici : *Septimos incipiens sub eodem imperatore consumata est sub papa Victore et Helio Augusto*. L'Empereur qui eut l'empire en même temps que Victor la papauté fut Septime Sévère (193-211).
61 Saint Pontien, 233-238.
62 Maxime, 238.
63 Saint Sixte II, 260-261.
64 Valérien, 253-260.
65 Saint Marcellin, 296-304.
66 Dioclétien, 284-305.
67 Saint Sylvestre Ier, 314-337.
68 Constantin, 306-337.
69 Libère, 352-363.
70 Le texte de Joachim donne Constantin l'Arien. Il s'agit de Constance, fils de Constantin et de Fausta, qui eut pour frère aîné Constantin II et partagea d'abord l'Empire avec lui. Il prit parti pour l'arianisme contre Athanase qu'il exila à deux reprises.
71 Isaïe, 61, Luc, 4.
72 Pasl., 110.
73 Gen., 14.
74 Constantin laissa quelque temps au culte païen une certaine situation officielle qu'il lui était en effet difficile, étant donné l'état de l'Empire, de supprimer brusquement.
75 Joachim commet ici une erreur : Julien fut seulement lecteur dans l'église de Césarée, titre qui ne conférait aucune fonction,

mais constituait un simple honneur.
76 Math. 1.
77 Ap., 1.
78 Math. 4. Luc., 22.
79 Daniel.
80 Job., 2.
81 Math., 16.
82 Zach., 13.
83 Job., 42.
84 ad Corinth., 4.
85 Math., 27.
86 Dan., 12.
87 Cet Évangile donne une large part à la résurrection, dont il traite plus particulièrement.
88 .« Les dix cornes, ce sont dix rois qui s'élèveront de ce royaume. Un autre s'élèvera après eux, il sera différent des premiers, et il abaissera trois rois. Il prononcera des paroles contre le Très-Haut, et il opprimera les saints du Très-Haut, et il espérera changer les temps et la loi ; et les saints seront livrés entre ses mains pendant un temps, des temps, et la moitié d'un temps ». Daniel, 7, 24-25.
89 Jud., 8.
90 Jean, 4.
91 Joachim attachait beaucoup d'importance à cette date qui devait ouvrir le règne du Saint-Esprit et préluder à la consommation de l'histoire humaine. Il était arrivé à la fixer grâce à l'interprétation symbolique dont on trouve des exemples dans le présent chapitre, mais aussi par un calcul de générations. Il avait supputé en effet que le deuxième état devrait comporter soixante-trois générations dont vingt et une avant et quarante-deux après le Christ. Le temps d'une génération étant de trente ans, le calcul donnait 1260.
92 Jud., ib.
93 Marc., 1.
94 Ps. 55.
95 Isaïe, 54. Sap., 3. Luc, 23. Gal., 4.
96 Ap., 12.
97 Dan., 7.
98 Jean, 2-1.
99 .« On servait à boire dans des vases d'or, de différentes espèces, et il y avait abondance de vin royal grâce à la libéralité du roi. »Esther. 1-7.
100 Jean, 2-2.
101 Vous-mêmes m'êtes témoins que j'ai dit : « Je ne suis pas le

Christ, mais J'ai été envoyé devant lui. Celui à qui appartient l'Épouse c'est l'Époux, mais l'ami de l'Époux, qui se tient là et qui l'entend, éprouve une grande joie à cause de la voix de l'Époux : aussi cette joie qui est la mienne, est parfaite. » Jean, 3-28-29.
102 Luc, 1.
103 Actes, 1-2.
104 Actes, 6.
105 « La troisième année de son règne, il offrit un festin à tous ses princes et à ses serviteurs. » Esther, 1-3.
106 Gen., 17.
107 Math., 1.
108 Esth., 1-5.
109 Math., 3-10-22.
110 « Le septième jour, comme le cœur du roi était réjoui par le vin, il ordonna à Mehuman, Biztha, Harbona, Abagtha, Zéthar, et Carcas, les sept eunuques qui servaient devant le roi Assuérus, d'amener en sa présence la reine Vasthi avec la couronne royale pour montrer sa beauté aux peuples et aux grands, car elle était belle de figure. Mais la reine Vasthi refusa de venir, quand elle reçut par les eunuques l'ordre du roi. Et le roi fut très irrité, il fut enflammé de colère. » Esther, 1-10-12.
111 Act., 1.
112 Esth., 1-9.
113 Act., 6.
114 Il avait auprès de lui Carschen, Schetar, Admatha, Tarsis, Mérès, Marsena, Mamucan, sept princes de Perse ou de Médie qui voyaient la face du roi et qui occupaient le premier rang dans le royaume. — Esther 1, 14.
115 Ap., 1-20.
116 Esth., 1-16-20.
117 Act., 13.
118 Ap., 15.
119 Math., 7.
120 Esth., 2.
121 Math., 10. Luc. 10.
122 Math. 16.
123 Gen., 9.
124 Thess., 2-2.
125 Esther. 5-14.
126 Esther. 6-13.
127 Esther. 6-4-11.
128 Ps., 104-20.
129 Esther. 10-2.

130 Math., 16.
131 Ps., 104-20.
132 Ps. 104.
133 Luc, 22
134 Esther, 5-6-10 et 7-1-8.
135 Samuel, 16
136 Esther, 7-10.
137 Esther, 9-5 à 17.
138 Isaïe, 2.
139 Gal., 4.
140 Math., 10.
141 Pierre, II, 3-3, 4.
142 *Ibid.*, 3-9.
143 Jér., 51 :« L'Éternel a excité l'esprit des rois de Médie contre Babylone. »
144 Ap., 17-16.
145 Ps., 87.
146 Josias, 641-610. Ce roi, l'un des derniers de Juda, se montra plein de zèle pour la religion. Il fut tué à Mageddo, alors qu'il s'opposait au passage de Nécho, roi d'Égypte, en marche sur Babylone.
147 Saint Léon IX 1002-1054, élu pape le 12 février 1049. Ce pontife réunit plusieurs conciles et opéra d'assez nombreuses réformes. Par suite d'un compromis avec l'Empereur, auquel il avait cédé l'abbaye de Fulde, il était devenu possesseur de la province de Bénévent. Mais lorsqu'il voulut s'emparer de son nouveau domaine, il se heurta aux Normands qui s'y étaient installés, et fut fait prisonnier à la bataille de Civitella.

EXPLICATION DE L'APOCALYPSE

Liber introductorius in expositionem in apocalipsim[148]

Des trois états du monde. Chap. V

Le premier des trois états du monde s'est déroulé sous le règne de la foi, alors que le peuple élu, encore faible et dans l'esclavage, n'était pas capable d'arriver à l'affranchissement, et se continua jusqu'à ce que fut venu Celui qui a dit : « Si le Fils vous délivre, vous serez réellement libres[149]. »

Le second état fut instauré par l'Évangile et dure jusqu'à l'heure présente, apportant à la vérité, affranchissement au regard du passé, mais nullement au regard de l'avenir. Car l'Apôtre a dit[150] : « Nous connaissons en partie et nous prophétisons en partie, mais quand ce qui est parfait sera venu, ce qui est partiel disparaîtra. » Et en un autre endroit[151] : « Or le Seigneur, c'est l'Esprit, et là où est l'Esprit, là est la liberté».

Le troisième état, s'ouvrira vers la fin de c^e siècle où nous sommes. Déjà nous l'apercevons qui se dévoile, en plein affranchissement spirituel, lorsque le faux Évangile du fils de perdition sera annulé et détruit ainsi que son prophète. Ceux qui s'instruiront alors dans la justice seront nombreux et voici qu'ils apparaîtront semblables à la splendeur du firmament, voici qu'ils luiront comme des étoiles dans les perpétuelles éternités.

Le premier de ces états, qui brille sous le signe de la Loi

et de la circoncision, fut instauré par Adam ; le second, qui brilla sous le signe de l'Évangile fut instauré par Ozias ; le troisième, dont le calcul des générations nous permet de fixer la date de préparation, a été instauré par saint Benoît[152], dont l'excellence ne sera parfaitement comprise qu'aux environs de la fin des temps, lorsqu'Élie réapparaîtra, et que l'incrédule peuple juif reviendra à Dieu.

Alors l'Esprit-Saint surgira, et clamera de sa grande voix : « Le Père et le Fils ont agi jusqu'à maintenant. Et maintenant, moi, j'agis. » Car l'Ancien Testament, au point de vue de la lettre, semble bien appartenir au Père, et le Nouveau Testament semble bien également, au même point de vue, appartenir au Fils, mais l'entendement spirituel de l'un et de l'autre relève du Saint-Esprit.

Tout au début, l'ordre des Époux caractérise le premier état, et dépend du Père. L'ordre des clercs, qui caractérise le second état, dépend du Fils. L'ordre des moines, enfin, auquel sont dévolus les grands âges de la fin des temps, dépend de l'Esprit.

D'après ce système, il est bien dit que le premier état se rapporte au Père, le second au Fils, le troisième à l'Esprit. Et bien qu'à un autre point de vue, l'état du monde soit effectivement unique, et que soit unique le peuple des élus, je ne crois pas avancer ici une hypothèse imprudente. Le temps écoulé avant la Loi, le temps écoulé sous le signe de la Loi, le temps écoulé sous le signe de la Grâce furent nécessaires : nous devons donc tenir pour non moins nécessaire une autre période du temps. Il y eut le temps de la Lettre. Voici venir celui de l'Esprit, l'heure de la compréhension spirituelle et de la manifeste vision de Dieu.

À la vérité, les temps ainsi comptés apparaissent au nombre de cinq, bien que le cinquième, qui se déroulera dans la patrie céleste où le sentiment de la durée n'existera plus, ne soit classé dans cette catégorie qu'abusivement et par une sorte d'impropriété des termes. Le premier temps existait avant la Loi, le second existe sous la Loi, le troisième sous l'Évangile ; le quatrième se déroulera sous le règne de l'Esprit ; le cinquième, enfin, dans la manifestation de Dieu. Car il faut que, par cette ascension spirituelle, les élus s'élèvent de vertu en vertu, de clarté en clarté, jusqu'à l'heure où ils verront le Saint des Saints dans la Jérusalem éternelle.

De la loi naturelle à la loi de Moïse, de la loi de Moïse à l'Évangile, de l'Évangile du Christ au règne de l'Esprit, de ce règne de l'Esprit à la véritable vision de Dieu, voilà le chemin. Mais dans cette division de l'histoire humaine en cinq états, le mystère de la Trinité n'en demeure pas moins enveloppé, et comme scellé. Car la difficulté demeure toujours présente, et le problème demeure toujours entier, de l'unité mystérieuse de trois personnes distinctes.

Essayons donc tout d'abord de trouver une comparaison dans des exemples simples, afin de pouvoir nous élever ensuite par des exemples plus difficiles à des considérations plus compliquées. Abraham engendra Isaac, Isaac engendra Jacob, Jacob engendra Joseph, Joseph engendra Ephraïm. Ces cinq personnages sont justes et grands, et le Seigneur les a choisis pour être les symboles visibles des choses occultes que prévit sa sagesse. Dans notre thèse, Abraham représente le Père, Isaac le Fils, Jacob le Saint-Esprit. À la vérité ceci est bien, mais ne suffit point, et de peur que quelqu'un ne soit amené à déduire de cette comparaison que le Fils n'est pas dans le Père, ni le Père dans le Fils, il devient nécessaire de considérer une autre distribution mystérieuse dans laquelle la paternité serait attribuée de nouveau et différemment. Isaac, que nous avons d'abord assimilé au Fils, devra être dès lors également assimilé ou Père ; Jacob, à la suite de cette transposition représente le Fils, et Joseph, le Saint-Esprit. Ceci nous aide à comprendre ces saints mystères parfois multiples dans leurs manifestations.

Cependant, la faible intelligence humaine pourrait

estimer encore que l'Esprit Saint n'est pas dans le père et dans le Fils, et, réciproquement, que le Père et le Fils ne sont pas dans le Saint-Esprit. Aussi placerons-nous Jacob le premier dans la série des Personnes divines, alors qu'il était auparavant le dernier dans cette image du mystère de la Trinité. De cette sorte, nous croyons que la Trinité ne possède rien en elle qui soit avant ou après, rien qui soit, plus grand ou plus petit, mais trois Personnes coéternelles et égales entre elles. Donc le patriarche Abraham, le patriarche Isaac, le patriarche Jacob, ont essaimé sur le monde le peuple d'Israël parce que le père, le Fils, le Saint-Esprit sont également, et chacun en particulier, créateurs. De plus, si nous poussons cette explication plus loin, nous voyons que le temps qui préceda la Loi appartient au Père, le temps qui fut soumis à la Loi appartient au Fils, le temps qu'on appelle de la grâce appartient au Saint-Esprit. Cette distinction apparaît parfaitement justifiée.

Le temps qui précède la Loi est attribué au Père : il s'agit, en effet, du temps pendant lequel, la loi n'ayant pas été promulguée, le péché n'entrait pas en ligne de compte dans le jugement ; mais la mort, au contraire, régna d'Adam à Moïse, et ceci parce que Dieu le Père, réalisant ses desseins sur les fils des hommes, voulut montrer par une terrible justice qu'il entendait inspirer sa crainte au genre humain effrayé de subir un châtiment dont il n'entrevoyait pas la cause. Le temps qui s'écoula aussitôt après sous le signe de la Loi est attribué au Fils, car le Fils est le grand maître qui illumine tous les hommes à leur venue en ce monde. Le temps de la grâce, enfin, est attribué au Saint-Esprit, car là où est la grâce la loi est abolie, et là où est l'Esprit de Dieu, là est l'affranchissement.

Maintenant, reprenons.

Le temps qui brille sous la circoncision et sous la Loi, date d'Abraham et va jusqu'au Christ : il est attribué au Père parce qu'alors Dieu a parlé à nos pères par les prophètes, en de nombreux passages des Écritures et sous bien des symboles.

Le temps qui lui succéda, sous le signe de l'Évangile est attribué au Fils, parce qu'alors le Fils se manifeste lui-même au monde, et que la doctrine évangélique convertit à sa divinité une grande multitude de gentils.

Le temps, enfin, qui se déroulera presque entièrement dans la compréhension spirituelle du monde, sera attribué au Saint-Esprit, parce que celui-ci, dès son apparition parmi les hommes, les enseignera plus abondamment encore et les rassasiera de toute vérité, appelant de leurs ténèbres à sa gloire les malheureux qui jusqu'à l'heure présente persévérèrent dans leur perfidie.

Reprenons encore.

Le temps qui s'est écoulé depuis la prédication de Jean-Baptiste jusqu'à l'heure actuelle est attribué au Père, parce qu'en cette période il a procréé des fils spirituels par l'Esprit-Saint qu'il fit descendre sur le Christ sous la forme d'une colombe, et qui chaque jour régénère les enfants de Dieu afin que le Père soit glorifié par le Fils.

Le temps qui s'écoulera jusqu'à la consommation des siècles est attribué au Fils, parce que dans le Christ se poursuit la spiritualisation.

Enfin l'âge futur qui commence après la résurrection doit être attribué à l'Esprit-Saint parce qu'alors ce ne sont pas seulement les âmes, que la nature fit très subtiles, mais encore nos corps qui seront spiritualisés et qui deviendront le temple de l'Esprit-Saint quand, toutes les corruptions de la chair étant achevées, seul un même esprit régnera en eux.

Dans la première division des mystères, on attribue ainsi à l'Esprit Saint le temps de l'Évangile ; dans la seconde, celui de la compréhension spirituelle ; dans la troisième les années du siècle à venir, dans lequel l'homme ne se mariera pas, ni les femmes ne seront mariées, mais où tous et toutes vivront comme les anges de Dieu dans le ciel. À cause de ce triple règne, le Saint-Esprit est envoyé et, donné sous trois formes et en trois forces : d'abord sous forme de colombe, ensuite sous forme de souffle, enfin sous forme de feu. Il se montre sous la première forme quand il procède du Père ; il se montre sous la seconde quand il procède du Fils ; il se montre sous la troisième quand l'Esprit lui-même souffle où il veut, et que, de lui-même, il se divise en autant de part qu'il en a décidé.

Cette loi de mystère apparaît avec fréquence dans les divines Écritures, et les pères en usent généralement, sans d'ailleurs en déduire plus clairement la cause. Pourquoi ? Cela est facile à comprendre. Cette Personne qui est considérée tantôt comme le Père, tantôt comme le Fils, tantôt comme le Saint-Esprit, et réciproquement, il faut la situer avec une exactitude vraiment difficile.

Nous, cependant, nous avons décidé, en ce qui nous concerne, d'accepter pour notre conception des temps, la division indiquée par l'Écriture et qui correspond plus clairement aux œuvres de la Sainte Trinité, je veux dire celle du temps de la lettre de l'Ancien Testament, du temps de la lettre du Nouveau Testament, du temps de la compréhension spirituelle qui va commencer incessamment pour se poursuivre jusqu'à la consommation des siècles. Donc, partout où il est fait mention dans cet ouvrage de trois états successifs de l'histoire humaine, c'est de cette division qu'il s'agit. Le premier état débute sous Abraham ou Jacob pour s'achever à la prédication de Jean-Baptiste ; le second part de la prédication de Jean-Baptiste pour s'achever à l'heure où les nations atteignent leur développement complet. Le troisième débute à ce moment pour se poursuivre jusqu'à la fin des temps. Voilà ce que nous concevons par les trois états ; il était nécessaire d'en donner l'explication, pour que le lecteur sache bien ce dont il s'agit en l'espèce, aux différents passages de ce livre où nous en parlons. Maintenant nous allons examiner les Concordances.

Concordance des deux premiers états

Nous voulons établir la concordance des deux premiers temps. Le premier temps commença de se dérouler au moment où vivait le patriarche Jacob, et se termina au Christ. Le second commença de se dérouler au moment du Christ pour aller jusqu'à la fin du siècle, lorsque le Christ viendra de nouveau dans sa gloire pour présider au grand jugement. Cependant le début, l'initiation de ces temps, furent en réalité promus par Abraham pour le premier, par Zacharie, père de Jean, pour le second.

À la vérité, nous pouvons considérer que le Nouveau Testament est partagé en deux parties, et comme double, parce que non seulement pendant cette période de l'histoire le Fils est apparu dans la chair, même qu'également le Saint-Esprit daigna se manifester aux hommes sous forme de colombe et de langues de feu, et aussi parce que le Fils n'a pas été envoyé seul pour rédimer le monde, mais aussi parce que le Saint-Esprit fut délégué pour compléter ce que lui-même avait commencé. Ce temps qui est désigné sous le nom de temps de la grâce, se trouve ainsi partagé en deux parties distinctes. Dans ces trois états, nous voyons les grandes œuvres de Dieu distinctes par leurs qualités propres, mais demeurant en concordance ; et le Fils et le Saint-Esprit ne sont pas plus grands en quoi que ce soit lorsque chacun d'eux est seul ; le Fils seul n'est pas moindre en puissance que ne l'est le Saint-Esprit seul. Ainsi apparaît l'égalité du premier et du second temps et celle du second et du troisième.

Dans la première division, les concordances doivent être disposées ainsi : le temps placé sous le premier sceau va du patriarche Jacob à Moïse et à Josué ; le temps placé sous le second, de Moïse et Josué jusqu'à Samuel et David ; le temps placé sous le troisième, de Samuel et David à Élie et Élisée. Le temps placé sous le quatrième, d'Élie et Élisée à Isaïe et Ézéchiel ; le temps placé sous le cinquième, d'Isaïe et Ézéchiel jusqu'à la captivité de Babylone ; le temps placé sous le sixième, de la captivité de Babylone jusqu'à la mort d'Esther ou jusqu'au prophète Malachie ; le temps placé sous le septième, de la mort d'Esther ou du prophète Malachie jusqu'à Zacharie, père de Jean-Baptiste. Ceci dans l'Ancien Testament.

Mais il en est de même dans le nouveau. Le temps placé sous le premier sceau va de Zacharie, père de Jean-Baptiste ou plutôt de la résurrection du Sauveur jusqu'à la mort de saint Jean l'Évangéliste, le temps placé sous le second va de ce moment jusqu'à Constantin ; le temps placé sous le troisième jusqu'à Justinien ; le temps placé sous le quatrième jusqu'à Charlemagne, le temps placé sous le cinquième depuis Charlemagne jusqu'au jour que nous vivons ; et dès le début du temps placé sous le sixième sceau, la nouvelle Babylone doit être frappée, ainsi que les prophètes le prédisent et comme le livre de l'Apocalypse le démontre parfaitement. Cette destruction n'est pas permise encore ; mais au temps placé sous le sixième temps commencera le Sabbat des Saints du Seigneur, cette heure de paix et de gloire dont l'Apôtre a dit : « Le Sabbat est laissé au peuple de Dieu jusqu'à ce que le Seigneur vienne pour le jugement suprême, » le prophète Élie marchant devant lui comme autrefois marchait Jean-Baptiste.

Et, parce que le labeur précède le Sabbat, parce que les combats précèdent la paix, nous devons noter là les guerres poursuivies par Israël, ici les luttes soutenues par l'Église ; et les fidèles ont souffert, soit alors pour la foi d'un seul Dieu créateur de toutes choses, soit maintenant pour le nom du Christ qui est avec son Père le Dieu unique et véritable, auteur de l'univers.

Les livres nous l'apprennent ; et tandis que nous apercevons dans les deux Testaments le déroulement parallèle de guerres semblables, nous reconnaissons la vérité de la parole du Seigneur : « Mon Père a agi jusqu'à ce jour, et maintenant moi j'agis. »

Dans le temps placé sous le premier sceau, Israël fut plongé dans l'affliction par les Égyptiens qui leur infligèrent de nombreux sévices et les retinrent dans la servitude, les empêchant de suivre les ordres de Dieu et d'interrompre la construction des monuments de briques que leur imposait le roi d'Égypte. Il en fut ainsi dans l'Ancien Testament, et voici qu'il en est de même dans le Nouveau, où se lève un Israël spirituel qui, pour le nouvel esprit, marchera au combat contre de nouveaux Égyptiens. Il a son Législateur. Et comme alors, tandis que les fils d'Israël demeuraient muets, Moïse, serviteur de Dieu, combattit et vainquit, de même, ici, devant les élus silencieux opprimés par le poids de la loi et d'un inutile labeur, seul le Christ Jésus lutta et vainquit, arrachant ces élus de sa main vigoureuse soudain étendue, à la superstition de la lettre et à la servitude de la Loi.

Cependant nous remarquons dans ces concordances que le Christ reprend et complète les actes du premier Testament, et qu'ainsi l'Ancien et le Nouveau se rejoignent dans son œuvre. Lui-même correspond à de nombreux patriarches, et, dans cette série, plus particulièrement au Patriarche Jacob qui, dans l'Ancien Testament, engendra douze Patriarches, comme celui qui représente, dans le Nouveau Testament, le véritable Israël désigna douze Apôtres ; là nous voyons la chair née de la chair, ici l'esprit procédant de l'esprit, attestant ainsi la vérité soulignée par l'apôtre, lorsqu'il déclara : « Ce qui est né de la chair est chair, ce qui est né de l'esprit est esprit ».

D'autres ont réalisé l'image du Christ selon le lieu et le temps. Pour lui, il est entouré de douze Apôtres, qui rappellent les douze patriarches. Et pareils à Moïse et à Aaron, Paul et Barnabé sont de nouveaux apôtres[153], car ainsi que Moïse et Aaron précédèrent les fils d'Israël partis d'Égypte et marchant vers la terre de Chanaan, Paul et Barnabé précédèrent le peuple fidèle s'évadant de l'incrédule synagogue et traversant les régions païennes. D'autres concordances s'imposent ici : comme Moïse, par exemple, combattit pour la liberté d'Israël, Paul combattit à son tour ; celui-là pour que cessât la servitude des fils d'Israël employés ou esclaves à la construction des monuments de briques ; celui-ci pour que cessât l'esclavage qui naît des œuvres de chair ; et chacun d'eux triompha de ses ennemis prosternés devant Dieu. Et cette victoire n'est pas surprenante ; qui donc, en effet, combattait en eux, sinon Celui que le Psalmiste proclame « Dieu fort et puissant dans le combat ? » et de qui Jean déclare dans le présent livre[154] : « Lorsqu'un ange rompit l'un des sceaux, j'entendis un des quatre animaux dire d'une voix semblable au tonnerre : viens et vois. Et je vis. Et voici un cheval blanc. Celui qui le montait avait un arc ; une couronne lui fut donnée, et il partit vainqueur, pour vaincre encore. »

Donc le temps placé sous le premier sceau durera jusqu'à la mort de Josué et jusqu'à la disparition de toute cette génération qui partit d'Égypte pour gagner la patrie promise[155]. Toutefois le passage du Jourdain date le début du temps placé sous le second sceau. De cette même façon le temps placé sous le premier sceau, dans le second état, va jusqu'à la mort de Jean, endormi dans le Seigneur. Jean offre des concordances précises avec Joseph et avec Josué. Mais pourquoi, ici et ailleurs, cette concordance d'un seul personnage du second état avec deux personnages du premier ? Parce que les pères, payant leur dette à la mort, ne purent demeurer assez longtemps sur cette terre pour y parfaire le symbole qu'ils incarnaient, et qu'il devenait par là nécessaire de faire appel à leurs fils pour que ceux-ci suppléassent à leur tâche interrompue. Et non pas seulement pour cette raison, mais à cause de symboles énigmatiques dont il est parlé en leur lieu.

En poursuivant l'examen des concordances, je dois signaler que les guerres des Égyptiens se déroulent dans le temps placé sous le premier sceau, et celles des Chaldéens dans le temps placé sous le second, mais qu'en réalité ces guerres débordent l'un et l'autre temps, comme les luttes de l'Église commencées au temps placé sous le premier sceau se poursuivirent dans le temps placé sous le second.

Dans le temps placé sous le troisième sceau, la scission fut réalisée entre Israël et Joseph : là aussi nous découvrons d'autres concordances. Et dans le temps placé sous le quatrième signe, les guerres des Assyriens succédèrent aux guerres des Syriens qui les avaient précédées, comme l'Église du Christ a vu naître des guerres persiques, les guerres sarrasines...

Le troisième état

Maintenant il nous faut aborder la concordance établie entre les trois ordres, je veux dire cette concorde qui existe nécessairement entre les trois états que j'ai décrits. C'est à cause de cette concordance qu'il est dit dans l'Évangile : Il y avait là six vases de pierre posés, qui contenaient chacun deux mesures d'huile. À cause de celle-ci il faut ajouter que chacun de ces vases ne contenait pas seulement deux mesures, mais trois. Je l'ai dit : l'une et l'autre sont nécessaires, et c'est pour cela que lorsque le Seigneur voulut indiquer le nombre d'hommes indispensables pour porter témoignage, il parla de deux ou trois[156] témoins. Nous avons entendu déjà deux témoignages ; il est donc nécessaire que nous en entendions un troisième. Et parce que nous avons décrit deux états distincts, ayant chacun ses bornes certaines et ses propres œuvres, nous devons en découvrir et en attribuer un troisième.

Après avoir expliqué comme on vient de le voir le plan de l'histoire, et les raisons pour lesquelles il la divisait en trois parties où jouent les concordances indiquées dans le précédent volume, Joachim parle assez longuement d'un des acteurs principaux du drame humain, qui doit jouer un rôle important dans les dernières luttes de l'Église et pendant les jours qui précéderont le jugement.

L'antéchrist[157]

Le temps que l'on place sous le règne du Père s'étendit

d'Abraham jusqu'à saint Jean-Baptiste. Le temps que l'on place sous le règne du Fils s'étend de saint Jean-Baptiste jusqu'à l'heure présente. Le temps qui sera, plus tard, placé sous le règne du Saint-Esprit durera de l'heure prochaine jusqu'à la fin du monde.

D'après ces données, nous devons établir les concordances de la façon suivante : le temps marqué du premier sceau dura d'Abraham jusqu'à la mort de Josué ; le temps marqué du second sceau dura jusqu'à David ; le temps marqué du troisième sceau dura jusqu'à Élie ; le temps marqué du quatrième sceau dura jusqu'à Ézéchiel ; le temps marqué du cinquième sceau dura jusqu'à la captivité de Babylone ; le temps marqué du sixième sceau dura jusqu'à la mort de Malachie ; le temps marqué du septième sceau dura jusqu'à Zacharie.

Ensuite, si nous passons au second temps placé sous l'autorité du Fils, si nous établissons un parallèle avec les divisions que je viens d'énumérer, nous trouvons ceci : le premier temps date de Zacharie, père de Jean-Baptiste, et dura jusqu'à la mort de saint Jean l'Évangéliste ; le second va jusqu'à Constantin ; le troisième va jusqu'à Justinien ; le quatrième va jusqu'à Charlemagne, empereur, qui vécut aux jours du pape Zacharie. De ce moment date le début du cinquième temps qui dura jusqu'à l'heure présente. Le sixième vient, tout récemment, de commencer, et recevra sa consommation dans peu de jours ou dans peu d'années[158]. Dès sa fin s'ouvrira le Sabbat, comme aux jours de Jean, et le second état sera clos. Mais dans le temps marqué par le sixième sceau du premier état l'antique Babylone fut frappée ; ainsi, par concordance, et sous le sixième sceau du second état, sera frappée la Babylone nouvelle. Et comme, dans cette même période du premier état, les Assyriens et les Macédoniens écrasèrent les Juifs, nous voyons aujourd'hui les Sarrasins attaquer la chrétienté, et nous verrons bientôt surgir les faux prophètes qui doivent suivre ces fauteurs de désastres, et qui, faisant par eux-mêmes un mal profond sur la terre, amèneront une tribulation comme jamais n'en virent les hommes. Ces épreuves terminées, sonnera enfin l'heure du temps bienheureux, du temps qui sera semblable aux fêtes pascales, l'heure où les ombres étant dissipées dans le ciel enfin ouvert, les fidèles verront Dieu face à face. Dès ce moment nul n'entendra plus personne nier que le Christ soit le fils de Dieu. La terre sera tout entière remplie de la science du Seigneur, à l'exception toutefois des seules nations que le diable doit perdre à la fin du monde. Cet état sera le troisième, réservé au règne du Saint-Esprit.

Ce temps sera désigné comme la septième époque, le précédent étant désigné comme la sixième. Et comme, dans la fin du premier état, le dernier roi fut Antiochus[159], qui apparut plus terrible que les autres tyrans, ainsi vers la fin du second état, en des jours qui sont imminents, se lèvera ce septième roi dont Jean a dit : Et un n'est pas encore venu, et celui-là sera plus mauvais que tous ceux qui le précédèrent ; il fera des ravages plus considérables que je ne puis le croire. Donc, si nous appliquons la loi des concordances, nous pouvons prévoir que vers les derniers jours du troisième état, un autre roi surgira, que l'on connaît déjà sous le nom de Gog[160] et, celui-là sera le dernier tyran et l'ultime Antéchrist. Car au témoignage de Jean, les Antéchrists seront nombreux. Ainsi, dit-il, « écoutez : quand l'Antéchrist vient, les Antéchrists se multiplient. » Et le Seigneur nous a prévenus car nous lisons dans l'Évangile[161] : « Beaucoup viendront en mon nom, disant : Je suis le Christ, et ils séduiront beaucoup de gens. » Et de nouveau surgiront les Antéchrists et les faux Prophètes ; ils s'annonceront par des signes prodigieux et accompliront de faux miracles, afin d'induire en erreur, s'il était possible, les élus eux-mêmes.

De l'antéchrist et du dragon ; de ses têtes et de ses membres

Ainsi, l'on vient de le constater, il existe plusieurs antéchrists. Il faut donc rechercher celui dont parle l'Apôtre. La division apparaîtra d'abord, et le fils de perdition surgira, qui s'élèvera au-dessus de tout ce qui est appelé Dieu. Il s'assiéra dans le temple du Seigneur, se montrant tel que s'il était lui-même Dieu.

Mais nous pouvons mieux dévoiler ces mystères si nous nous appuyons sur l'autorité de l'Apocalypse. Or que dit ce livre[162] ? Un grand signe apparut dans le ciel, un dragon ayant sept têtes et dix cornes. Sa queue entraînait le tiers des étoiles du ciel et les jetait sur la terre. Ce dragon est le diable. Tous les réprouvés composent son corps, et ceux qui sont les premiers entre les damnés, ceux qui excellent dans le mal, forment ses têtes.

La première tête par laquelle le dragon jeta son venin fut Hérode : par la gueule qu'elle entrouvrait il essaya de dévorer le Christ enfant, et, ne pouvant l'atteindre, se reput des Innocents. Cette tête symbolise également tous les rois du pays de Judée qui lui succédèrent sur le trône et dans la persécution du Christ. La seconde tête fut Néron, bourreau des principaux apôtres. Elle symbolise de même tous les empereurs qui, après la mort de ce prince et jusqu'à Julien l'Apostat, poursuivirent cruellement l'Église de Dieu. La troisième tête du dragon fut Constantin l'Arien[163] et ses successeurs qui affligèrent l'Église jusqu'à l'époque des invasions sarrasines. La quatrième tête fut Chosroès[164] roi des Perses, dont le royaume passa en peu d'années aux mains des Sarrasins, et la secte de Mahomet qui, dès le temps de Chosroès, était établie en Arabie. La cinquième tête du dragon fut un des rois de la Nouvelle Babylone qui voulut s'asseoir sur les cimes de la Loi et apparaître semblable au Très-Haut. La sixième tête du dragon symbolise celui dont il est écrit dans le prophète Daniel : Un autre roi surgit après ceux-ci, et celui-là fut plus puissant entre les premiers. Autant qu'il soit permis d'avancer quelque conjecture en d'aussi délicates matières, je pense que la septième tête, encore mystérieuse, doit symboliser le roi des Turcs, Saladin, qui, vient de fouler aux pieds la Cité Sainte…

Mais Jean dit ceci, dans la septième partie : Et les rois sont sept : cinq sont tombés, et un règne, et l'autre n'est pas encore venu. Ainsi nous devrions accepter cette phrase comme destinant à notre génération les événements mystérieux dont nous venons de parler et en inférer que cette partie de la prophétie doit se réaliser dans le sixième temps. Car, dans ce seul sixième temps, et dans la sixième vision de son livre, l'ange instruit Daniel, et lui enseigne le mystère de la Bête ayant dix cornes ; et dans ce seul sixième temps, et dans la sixième partie du livre, l'ange parle à saint Jean, et lui enseigne de la même manière le mystère de cette même Bête. À Daniel et Jean, hommes de Dieu et princes de la chasteté, il fut donné par Dieu de connaître, dans ce sixième temps, les mystères du règne de Dieu et de découvrir l'histoire des sacrements depuis les jours antiques et les choses cachées, jusqu'à présent, et depuis l'origine des siècles. Donc ou bien Saladin est ce roi que désigne le prophète Daniel dans son livre, ou bien il ne l'est pas ; mais dans ce dernier cas un autre sera le prince prédit, qui viendra après lui, et tout ceci, que j'appliquais à ce conquérant turc doit être alors rapporté à ce sixième roi dont Jean a parlé. Il est donc possible que tout ceci soit accompli par Saladin, ou qu'un nouveau roi surgisse après lui, sous le nom du tyran attendu et réalise ce qui est écrit au onzième roi : Il abaissera trois rois, et prononcera des paroles contre le Très-Haut, pensant qu'il peut changer les temps et la loi. Et les saints seront livrés entre ses mains pendant un temps, des temps, et la moitié d'un temps[165].

Ensuite viendra le septième roi, dont il est dit : Il n'est pas encore venu. Celui-là est le prince dont il est écrit dans la septième vision de Daniel : Il s'élèvera un roi prudent et artificieux. Sa puissance s'accroîtra, mais non par ses propres forces, et il dévastera le monde au-delà de ce que je puis croire. Nous le voyons dans la septième tête du dragon, et il apparaîtra comme celui dont l'apôtre dit : Il sera élevé au-dessus de tout ce qu'on appelle Dieu, de tout ce qu'on adore, jusque-là qu'il s'assiéra dans le temple de Dieu, et il se proclamera lui-même Dieu. Celui-là sera le grand tyran par qui beaucoup de mal sera fait dans le monde...

... Mais il n'est, nullement surprenant que le diable ait médité de duper le genre humain en employant de faux prophètes, car il n'aime rien tant que de se retrouver exactement opposé en toute chose au Créateur. Ainsi, pour Adam que Dieu plaça dans le Paradis terrestre, il prépara le roi Hérode. Pour Noé, homme juste, il fit venir lui-même dans la ville de Rome le très impur Néron. Pour Abraham le fidèle il présenta Constantin l'Arien. Pour Moïse, le législateur, Mahomet, inventeur d'un gouvernement inique et de la plus infâme des législations. Pour David, roi de Jérusalem, il fit surgir le roi de Babylone. Pour Jean-Baptiste, ce onzième roi dont parle le prophète Daniel. Et pour Élie qui doit venir, il enverra ce septième roi dont il est dit dans ce livre : « Et un n'est pas encore venu, et lorsqu'il viendra son œuvre ne durera que peu de temps. » Tous ceux-ci, qu'il fit apparaître au cours de l'histoire, il les inspire ; il parle par la bouche de l'un ou de l'autre, de telle façon qu'il est difficile de savoir si c'est l'homme ou le démon qui parle.

Mais le grand Antéchrist doit venir insidieusement ; il séduira par d'insignes et prodigieux mensonges, comme le Christ par une éclatante vérité, et décevra une multitude infinie de Juifs et de Gentils, au point que peu d'entre eux échapperont aux habiles artifices de sa perversité et de sa fourberie. Et, parce que le Christ Jésus est appelé roi, pontife et prophète, celui-ci simulera le Christ, prophète pontife et roi, et se proclamera tel. Les signes qu'il produira seront frappants, car toutes choses fausses et pleines de mensonges lui seront permises. Et le diable accomplira son œuvre mauvaise soit par l'entremise de ce septième roi qui doit suivre le sixième, soit par quelque autre simulateur qu'il choisira. Alors vraiment le Seigneur viendra dans la gloire de son Père, escorté de tous les saints.

Aussi le diable lui-même sortira-t-il pour aller vers les

nations qui sont aux quatre coins de la terre, et soudain il apparaîtra avec elles, comme celui qui véritablement doit juger le monde, les vivants et les morts, et l^e siècle, par le feu. De là naît l'opinion de bien des commentateurs qui croient que ce suprême tyran — qu'ils appellent Gog — est lui-même l'Antéchrist. Mais d'autres estiment que Gog n'est pas l'Antéchrist, mais plutôt le prince de l'armée de ce roi que Satan lui-même incite à la révolte.

À la fin, après les maux multiples qu'il fera par les antéchrists, il sortira et se manifestera lui-même. Il séduira Gog et son armée afin de persécuter l'Église. C'est bien là ce que dit Jean dans ce passage de l'Apocalypse : Et il séduira les nations qui sont aux quatre angles de la terre, Gog et Magog. Il n'est certes pas contre la foi d'avancer que peut-être le diable lui-même opérera par d'obscures dissidences, employant la Bête, les rois de la terre et les pseudo-prophètes à séduire, s'il était possible, les élus eux-mêmes. Mais il ne pourra prévaloir, trop pressé par la puissance du Christ, et il se retirera vers les nations barbares. Il demeurera incarcéré au milieu d'elles pendant des jours et des ans, tandis que l'Église de Dieu déroulera le repos sabbatique[166]. Et de nouveau, après cette trêve, il conduira Gog séduit et son armée à l'assaut de l'Église, et fera sur terre tout le mal décrit dans le livre du prophète Ézéchiel.

Explication de l'apocalypse

Joachim, après ces préliminaires importants, aborde le sujet même de son ouvrage, qui est le commentaire de l'Apocalypse. Il étudie ce livre mystérieux, verset par verset, en recherchant, comme on va le voir dans l'explication suivante, un sens profond aux textes les plus limpides d'apparence.

Prima pars expositionis in apocalipsim

« *Je fus ravi en esprit le jour du seigneur (Ap. I, 10[167])* »

Ici le texte de l'apôtre, d'une grande importance, certes, et se référant à de hauts sacrements, est présenté d'une façon extrêmement simple. Écorce visible mais moelle cachée. « Je fus ravi en esprit, » dit-il, « le Jour du Seigneur. » Que veut dire en soi la phrase de Jean : « Je fus ravi en esprit » ? Et que veut dire en soi ce qui suit : « le jour du Seigneur ? » Ceci ne présente peut-être que de légères difficultés et demeure facile à saisir par l'intelligence. Pour moi, quand je suis arrivé pour la première fois à ce passage, je crus tom.ber dans un abîme. Dieu a coutume de rendre clair pour celui-ci ce qui est obscur pour tel autre, afin que chacun apprenne à refréner son orgueil et à consentir aux humilités.

Donc, lorsque j'eus achevé les chapitres précédents de ce livre et que je parvins à cet endroit du texte, j'éprouvai une grande difficulté, et j'endurai, contrairement à mon habitude, une véritable détresse d'esprit. Il me sembla voir devant moi une dalle me fermant l'entrée d'un sépulcre. Je demeurai hébété, mais rendant honneur à Dieu qui, selon son bon vouloir, cache ou dévoile les vérités, je laissai ce texte et je pris le passage suivant. Ainsi réservais-je au Maître universel la solution de cette difficulté, certain que Celui-là qui ouvre le livre et rompt les sept sceaux à l'heure choisie par Lui, permettrait qu'elle fût découverte un jour, par moi-même ou par quelque autre chercheur.

Puis, occupé par de nombreuses affaires, je laissai ce problème s'effacer dans un oubli toujours plus lointain. Le cercle d'une année se ferma. Or le saint jour de Pâques, à l'heure des matines, comme je venais de chasser le sommeil, je me mis à méditer sur quelques passages de ce livre, et me sentis devenir, par la grâce de Dieu, plus audacieux pour écrire, et plus timide au contraire pour me taire et délaisser mes recherches. Ne pouvais-je craindre, au contraire, que plus tard le Juge souverain, condamnant mon silence, ne fût amené à me dire : « Je te savais mauvais serviteur et paresseux, parce que je moissonne où je n'ai pas semé et que j'amasse où je n'ai pas vanné. Il te fallait donc remettre mon argent aux banquiers, et à mon retour j'aurais retrouvé ce qui était à moi, accru de mes intérêts[168]. »

Donc au milieu de cette nuit-là voici ce qui m'advint, dans le silence des heures sombres : au moment indiqué par la tradition comme celui où le Lion de la Tribu de Juda ressuscita d'entre les morts, soudain le regard de mon esprit fut illuminé et la révélation me fut donnée, en pleine clarté spirituelle, du sens complet de ce livre, de toute la Concordance de l'Ancien et du Nouveau Testament[169].

Symbolisme des planètes

Ici commence de l'ange d'Éphèse. Écris à l'ange d'Éphèse : voici ce dit celui qui tient les sept étoiles dans sa main droite, celui qui marche au milieu des sept chandeliers d'or. (Ap. 2. 1).

…

Il convient d'en venir maintenant à la contemplation spirituelle de ces sept étoiles, et nous ne devons pas négliger cette opinion des philosophes qu'il fallut, dans l'innombrable multitude des étoiles, discerner sept signes célestes. Pour moi, j'estime qu'il s'agit là des sept planètes, de ces sept astres sur lesquels les philosophes de ce bas-monde ont émis tant de théories corrompues, que les chrétiens peuvent trouver illicite de parler d'eux. Mais je dis que le soleil, la lune, et les étoiles sont de bonnes créatures produites utilement par un bon créateur pour le service des hommes, et qu'ils n'ont pas pour seul office de leur dispenser la lumière en brillant au-dessus de la terre, mais encore, et bien mieux, de symboliser pour eux la grande lumière invisible et le mystère infini…

On dit que la planète Saturne est de nature glacée et trace avec lenteur dans le ciel sa longue orbite. Nous avons, nous, dans le ciel qui se révèle plus au regard de l'esprit qu'aux yeux du corps, notre père commun Adam, dont les Écritures nous apprennent qu'il s'est lentement glacé dans le Paradis terrestre, et aussi qu'il a vécu sept fois plus longtemps que nous, modernes, semblable en cela à d'autres hommes du premier état qui vécurent autant et parfois davantage.

On dit également que la planète Vénus a des qualités de mesure ; nous pouvons donc estimer qu'elle correspond à Noé, qui fut doué d'un grand esprit de mesure et de justice, et qui fut sauvé de l'eau du Déluge, avec le souci de réparer dans l'asile de l'arche la perte de l'universelle chair.

La planète Jupiter fut placée je ne sais par quelle erreur avant toutes les autres (et selon moi il convient de ne pas la placer ailleurs qu'au rang où je la place). Nous voyons en elle Abraham, père de tous les croyants. En effet c'est de lui que sortit toute la race des patriarches, de lui qu'est née la chair des prophètes et des apôtres, et du Fils unique de Dieu. Et l'apôtre fidèle a pu dire : « Si vous êtes à Christ, vous êtes donc de la postérité d'Abraham[170]. »

Je ne sais pourquoi l'on attribue à la planète Mercure l'autorité de la science ; mais, en ce cas, nous croyons qu'elle correspond symboliquement à saint Moïse, que nous estimons avoir été un vase de science, puisque nous disons couramment qu'il a transmis au peuple juif la science de la Loi.

Quant à la planète Mars, on lui accorde l'art militaire et nous nous jugeons qu'il n'est pas absurde de croire qu'elle symbolise le roi David, belliqueux entre tous.

Cette page est curieuse dans l'œuvre de Joachim. Elle montre, en effet, comment son goût du symbole s'étendait à tout l'univers et comment les choses, pour les hommes de son temps, n'étaient que des signes. Il y a toujours dans ses images, une certaine sécheresse d'abstraction. Et cependant, d'autre part, sa phrase sur le soleil, la lune, et les étoiles qui sont de bonnes créatures destinées par Dieu à dispenser aux hommes la lumière, fait pressentir le fameux cantique du soleil de saint François. Certes, il y a loin encore de celle constatation rapide à l'enthousiasme fervent, au lyrisme ému du Pauvre d'Assise, qui ne voit pas seulement dans les astres des serviteurs, mais qui sent entre eux et lui une fraternité spirituelle. Mais il y a tout de même, dans ces quelques mots, je ne sais quelle douceur humaine qui n'est pas habituelle, sous la plume de ce mystique si âprement intellectuel.

L'heure de l'esprit

Mais maintenant voyons ce cinquième temps au commencement duquel nous nous trouvons, et pendant lequel le Saint-Esprit envoyé par le Fils doit agir. Il agira par des œuvres plus hautes que celles dont nous avons été jusqu'ici les témoins, afin que tous apprennent à honorer le Saint-Esprit au même titre que le Père et le Fils. Dans quoi ? Nul doute que ce ne soit dans son Évangile, car il ne l'honorera pas comme il convient, celui qui ne reçoit pas, humilié et dévot, cet Évangile. Et quel est cet Évangile ? Celui dont Jean parle dans l'Apocalypse : « Je vis un Ange volant au milieu du ciel, et il tenait un Évangile éternel[171]. » Et que se trouve-t-il dans cet Évangile ? Tout ce qui va au-delà de l'Évangile du Christ. Car la lettre tue et l'esprit vivifie. C'est à cause de ceci que le maître de toute vérité a dit : « Quand l'Esprit de vérité sera venu, il enseignera toute vérité. » Et afin qu'il fût prouvé que ce dernier Testament serait l'interprétation de l'Évangile du Christ et qu'il enivrerait les Élus comme s'il changeait l'eau en vin, il ajouta : Il ne parlera pas de lui-même, mais il dira tout ce qu'il a entendu, et il nous annoncera les choses à venir. Il me glorifiera parce qu'il prendra de ce qui est à moi et vous l'annoncera.

Donc l'Esprit-Saint accomplira cette œuvre en nous afin que, nous enseignant toute vérité, il élève nos esprits vers le désir des choses célestes et nous fasse attendre ardemment ce jour après lequel aspirent tous les Saints, ce jour où nous pourrons être glorifiés dans la gloire des fils de Dieu. Car il lui faut changer nos cœurs, ce qu'il peut faire quand il le veut, et les transférer des désirs charnels à l'amour des choses du ciel, afin que nous ne soyons plus ce que nous fûmes mais bien que nous commencions, au contraire, à devenir autres.

Par quels degrés ? Dans le premier temps Dieu a fait la foi, dans le second la patience, dans le troisième le zèle, dans le quatrième l'humilité, dans le cinquième l'espérance…

Abraham seul signifie le Père seul, parce que le Père seul envoya le Fils et le Saint-Esprit. Isaac seul signifie le Père et le Fils parce que le Père et le Fils sont un seul Dieu et que tous deux ensemble envoient le Saint-Esprit. Jacob seul signifie à la fois les trois Personnes, parce que les trois Personnes sont un seul Dieu ; Joseph seul signifie à la fois le Fils et l'Esprit, parce qu'ils ne sont ensemble qu'un seul Dieu, et qu'ensemble ils sont envoyés par le Père seul. Ephraïm seul signifie le Saint-Esprit, parce que le Saint-Esprit est envoyé par le Père et par le Fils…

À la vérité la Trinité n'a pas de similitude, parce qu'elle est elle-même et rien d'autre. Car seul le Père envoie le Fils et le Saint-Esprit. Seul le Saint-Esprit est envoyé par le Père et le Fils : Le Père et le Fils envoient ensemble le Saint-Esprit. Le Fils et le Saint-Esprit sont envoyés ensemble par le Père. Et les Trois Personnes, ensemble et absolument, distribuent et font distribuer ses dons afin d'accorder le bonheur aux élus qui participent à leur plénitude.

Calcul des générations

Le patriarche Jacob engendra Juda. Juda engen.dra Pharès. Pharès, Ephraïm ; Ephraïm, Aram ; Aram,

Aminabab. Sous ces six générations, le premier sceau fut épuisé.

Ensuite survint Naasan, qui fut le premier des fils de Juda aux jours de Moïse, qui fit sortir d'Égypte le peuple d'Israël. Ce Naasan engendra Salmon, Salmon engendra Booz qui fut le père d'Obeth, l'aïeul de Tessé et le quatrième aïeul de David. Sous ces six générations, le deuxième sceau fut épuisé.

Ensuite suivirent six hommes dont les noms sont ceux-ci : Salomon, Roboam, Allia, Asa, Josaphat, Joram ; sous ces six autres générations le troisième sceau fut épuisé.

Après ceux-ci d'autres suivirent dont les noms sont ceux-ci : Ochozias, Joas, Amasias, Osias, Joathan, Achaz. Sous ces six autres générations le quatrième sceau fut épuisé.

Sous le signe du premier sceau furent en lice les patriarches, sous le signe du second les juges, sous le signe du troisième les princes du peuple ; sous le signe du quatrième, les prophètes et les fils des prophètes.

Ensuite apparut Ezéchias, aux jours duquel éclata un prodige, le soleil ayant reculé de dix degrés sur le cadran solaire d'Achaz[172].

Au cours de l'étude qu'il poursuit successivement de chaque verset, Joachim trouve l'occasion d'exprimer son opinion sur les événements et les mœurs de son époque, et il tire de ces mœurs et de ces événements, des conclusions qui s'accordent avec sa thèse générale.

Les clercs

Le juste périt, dit le prophète, et nul n'y prend garde. Les hommes de cœur généreux sont enlevés, et nul n'y prête attention...

Mais la vie des clercs, de ces hommes qui avaient coutume de répandre les rayons de leur lumière sur le peuple, ô douleur ! nous la voyons chavirer dans la chair et le sang. Rien en elle n'apparaît spirituel, rien n'apparaît tourné comme jadis vers le ciel ; mais presque tout est devenu lubrique, charnel, chair et sang, affaiblissement de l'esprit. Où sont aujourd'hui les litiges ? Où les scandales ? Où les rixes ? Où l'envie ? Où les rivalités, si ce n'est dans l'église des clercs ? Si ce n'est parmi ceux dont le devoir consistait à dispenser aux peuples massés au-dessous d'eux la clarté de leurs exemples ?

En un mot, nous voyons les étoiles du ciel tomber en grand nombre sur la terre, soit par la chute de la dépravation hérétique, soit — et c'est la majorité —, par cette autre chute profonde qu'est le péché de la chair. Et tout ceci n'a rien d'étonnant. En présence de nos provocations notre conseiller s'est éloigné de nous. Il nous a abandonnés à nos propres désirs, et chacun de nous marche dans la dépravation de son cœur. Nous suivons les voies corrompues, jusqu'à ce que notre clameur arrive jusqu'au ciel, et que l'indignation du Juge souverain soit complète. Car il est écrit : « Parce que l'impiété se sera accrue, la majorité du plus grand nombre se refroidira ».

Aussi, comme les maux arrivent d'habitude ensemble, et de pire en pire, les luttes seront dans le monde et la crainte dans les cœurs, le Seigneur ayant dit : « Le frère livre son frère à la mort ; les fils se dressent contre leurs parents et leur donnent la mort ». Mais quoi de plus effrayant que ce temps où les fondements mêmes du monde sont ébranlés de crainte ? Ni dans le soleil, ni dans la lune, ni dans les étoiles il ne sera trouvé de consolation, alors que toutes choses seront bouleversées et que chacune se trouvera comme arrachée à ses assises. « Et sa fureur ne sera pas détournée de son peuple, mais sa main s'étendra encore ».

Les ermites

> *Le quatrième ange sonna de la trompette, et le tiers du soleil fut frappé, et le tiers de la lune et le tiers des étoiles, afin que le ciel en fût obscurci et que le jour perdit un tiers de sa clarté et la nuit de même. (Ap. 8-12)*

Dans l'œuvre de concordance qu'étudie ce livre, parvenu à l'examen du quatrième jour, le soleil, la Lune et les étoiles symbolisent les ermites et les religieuses qui, s'élevant par les hautes routes de la contemplation, ont montré au peuple des fidèles la lumière de la perfection. En effet, le Dieu tout-puissant a créé le quatrième jour le soleil, la lune et les étoiles, et dans ce quatrième chapitre de la troisième partie de ce livre, il est fait mention du soleil, de la lune et des étoiles, et dans la quatrième partie de ce livre, il sera, entre autres choses, traité plus spécialement et plus clairement de ces grands luminaires.

Un grand signe apparut dans le ciel[173], une femme vêtue de soleil, ayant la lune sous les pieds et la tête couronnée de douze étoiles. Cette femme symbolise l'Église des moines qui remonte jusqu'à la Mère du Christ. Elle brille, est-il dit, au quatrième temps de l'Église universelle. Mais alors, hélas ! l'artisan du mal, rapide à nuire, le maître des erreurs, employa davantage la malice de son cœur à tenter les âmes pieuses. Car voici que le tiers du soleil, le tiers de la lune, le tiers des étoiles furent frappés, et sans nul doute sur la suggestion de celui qui amena l'expulsion d'Adam du Paradis terrestre.

Or nous connaissons les pays méridionaux que les Ordres des ermites et des vierges consacrées au Seigneur habitaient peu après la mort du bienheureux pape Grégoire, et qui furent conquis d'abord par les Perses, puis par les Arabes. Ce fut vers cette époque que l'hérésie fameuse des Sarrasins fit irruption sur la terre comme une source d'eau corrompue qui crève et s'épand soudain. Une multitude de religieux furent alors arrachés à la foi du Christ, tantôt par la force brutale, tantôt par des exhortations dépravées, et les scènes déplorables de ces abjurations eurent surtout pour théâtre la Thébaïde et l'Égypte, où vivaient le plus grand nombre de ces anachorètes. Cependant, née de la fraude diabolique de cette loi de Mahomet, — loi que je dis sacrilège —, une telle hérésie est exactement l'opposé du vœu de chasteté prononcé par les moines et par les profès, puisqu'elle enseigne que la joie suprême et le souverain bien consistent dans la luxure, et qu'elle en promet à ses sectateurs, comme récompense ultime au soir du monde, les coupables délices. Cela, le Juif ne l'inscrit pas dans sa loi ; cela, les philosophes païens eux-mêmes ne l'apprenaient pas à leurs auditeurs, ni Sabellianus[174] ni l'hérétique Arius[175]. Mais qui sait combien peu de moines eurent la force de persévérer dans leur ferme propos sous cette pression violente, et qui dira jusqu'où, s'ils prostituèrent leur corps, ces malheureux demeurèrent purs en esprit et intègres dans la foi ? Mais vraiment, parce que toute lumière ne s'éteignit pas et que, selon les textes sacrés, un tiers seulement des luminaires s'obscurcit dans le ciel, il est manifeste que Dieu n'abandonna que les hypocrites. La race détestable de ceux-ci est symbolisée dans la première partie de l'Apocalypse par la femme Jézabel et par ses fils[176], lorsque le Seigneur dit d'elle à l'ange de Thyatire[177] qui est la quatrième sur la liste des Églises d'Asie[178] : « Ce que j'ai contre toi, c'est que tu laisses la femme Jézabel, qui se dit prophétesse, endoctriner et séduire nos serviteurs pour qu'ils forniquent et mangent des viandes consacrées aux idoles. » Donc ce tiers de la vivante lumière monacale est frappé entièrement. Nous en sommes informés. Mais les deux autres tiers, la foule rayonnante des sages et des probes, continue, sans que l'éclat en soit diminué, à répandre leur clarté.

La bête qui monte de la mer

Puis Je vis venir de la mer une bête qui avait sept

têtes et dix cornes, et sur ses cornes deux diadèmes. (Ap. 13-1)[179]

Le rivage de la mer est un terrain stérile qui tantôt est mouillé par le flot et tantôt brûlé par l'ardeur du soleil. Il signifie ces hommes incertains, placés entre deux états spirituels, qui ne sont pas tout à fait infidèles, mais n'adhèrent pas non plus tout à fait à la piété chrétienne ni à la pureté de la foi. Donc le démon se tient sur ceux-ci, et voit une bête montant de la mer. Les faux chrétiens montrent aux infidèles à persécuter l'église des chrétiens véritables, et les infidèles en sont fortement excités dans leur persécution.

Le Diable voit ces manœuvres, et l'astuce de sa méchanceté devient plus habile à se dissimuler. Nous choisirons quelques exemples, entre les innombrables que nous offre l'histoire. C'est fort malaisément que les juifs eussent trouvé un moyen opportun pour s'emparer du Christ, si un disciple, en qui Satan entra, n'avait trahi le Maître. C'est difficilement que l'empereur Néron eût poursuivi les apôtres, si le perfide Simon ne l'y avait exhorté. C'est fort malaisément que l'arien Constance eût trouvé des armes contre les âmes pieuses, si des évêques impies (du moins je le présume) ne l'y avaient aidé. Donc le diable se tient sur le rivage et voit une bête qui monte de la mer, tandis qu'il prend la décision de régner sur ces chrétiens réprouvés ; et pour lui, il ne doute pas un instant, que la multitude des infidèles ne consente à lui apporter secours contre le Christ pour la victoire de son propre royaume.

Le prophète Daniel vit quatre animaux[180], et nous devons parler d'eux en cet endroit même de notre œuvre. Les quatre vents du ciel, dit ce prophète, flagellaient la mer immense, et quatre grands animaux sortirent de la mer, tous quatre dissemblables. Nous avons vu souvent, au cours de ce livre, que les cieux signifient l'Église ou l'Écriture divine. La mer, elle, signifie sans aucun doute le siècle. Les quatre vents du ciel, eux, sont les quatre esprits de l'intelligence ou les quatre évangélistes : le premier étant l'image du Seigneur, le second, de l'histoire, le troisième, de la morale, le quatrième, de la méditation. Le premier se rapporte aux prêtres, le second aux diacres, le troisième aux docteurs, le quatrième aux vierges et aux ermites.

Pourquoi ces assimilations ?

C'est que le premier enseigne les œuvres de l'Église consignées jadis dans les écrits et dans les ouvrages des Pères ; le second nourrit d'un lait spirituel, par les exemples qu'il choisit dans l'histoire, les fidèles qui les reçoivent, pareils à des enfants dans le Christ ; le troisième s'attache à ceux des disciples qui tendent déjà vers les hautes formes de la sainteté, car celui-ci enseigne les mœurs, réglemente les actions, démontre les duperies qui singent les vertus, et combien les vertus l'emportent sur les vices. Le quatrième, que l'on désigne sous le vocable de contemplation, prend des ailes d'aigles et, par la figure des choses terrestres où il décèle de hauts symboles, élève à la compréhension des choses célestes. Cette intelligence suprême nous apprend à mépriser les choses de la terre, à aimer celles du ciel, à condamner les choses temporelles, à choisir celles qui revêtent le caractère de l'éternité.

Ce sont là les quatre esprits, les quatre formes de l'intelligence qui, comme jadis quatre fleuves dans le Paradis, baignent le cœur des hommes qui ont foi en Dieu. Donc ces quatre vents du ciel luttent avec la mer, et le monde est battu par leur quadruple souffle. Ces quatre esprits de l'intelligence, ces quatre animaux, apparaissent également dans l'œuvre du prophète Ézéchiel. Là où le vent soufflait fort, ils avançaient et ils ne se retournaient pas en marchant[181]...

Or la mer est troublée quand elle est battue par les vents du ciel ; et le monde est troublé quand les saints prêchent la parole de Dieu, parce qu'elle est contraire aux œuvres et aux vœux du siècle. Les quatre symbolisent heureusement les Évangélistes ; et ils représentent aussi les ordres des prêcheurs, qui s'appuient sur ces quatre aspects différents de l'intelligence : les apôtres, les martyrs, les confesseurs, les vierges. Mais, dira-t-on, les vierges et les ermites ne prêchent pas la Dieu ? Ils prêchent au contraire, dis-je, et ils prêchent bien. Ce qu'ils crient à pleine voix, ils le prouvent par leur vie. Ils prêchent, et s'ils ne prêchent pas pour les autres, ils le font du moins pour eux et pour leurs disciples dont nous voyons les légions fleurir dans les monastères et qui remplissent l'immensité du monde.

Donc, les quatre ordres sont symbolisés dans les quatre animaux ; ils s'avançaient des arcanes du ciel comme le souffle des vents qui combattaient dans la mer du siècle, afin de rassembler des escadrons de poissons. Mais des bêtes gigantesques sortirent de l'eau. La première de ces bêtes est la synagogue des juifs ; la seconde, les païens ; la troisième, les ariens, la quatrième, les peuples du désert[182].

Les apôtres soufflèrent violemment ; une licorne, sortie du peuple juif, s'avança contre eux. Les Évangélistes et, dans un autre sens symbolique, les diacres, saints et martyrs qui furent obéissants jusqu'à la mort, ayant soufflé, un ours surgi du milieu des païens marcha vers eux. Les docteurs et, dans un autre sens symbolique, les confesseurs, ayant soufflé, un léopard, venu de la secte arienne, se dirigea vers eux. Les ermites enfin ayant soufflé, une quatrième bête différente des autres, accourue du sein des peuplades sarrasines, se hâta vers eux.

La désignation de ces bêtes est d'ailleurs parallèle dans Daniel[183] et dans Jean[184]. Daniel déclare, en effet, que la première bête était pareille à une lionne et Jean, désignant une des bêtes qui lui apparurent, dit que son visage était celui d'un lion. Ce que rapporte Daniel de la seconde bête, semblable à un ours, Jean le dit, lorsqu'il expose : les pieds de celle-ci étaient ceux d'un ours. La troisième bête était pareille à un léopard. Jean le déclare en propres termes :

« Et la bête que je vis était semblable à un léopard[185] »…

L'Évangile éternel[186]

Je vis un autre ange qui volait par le milieu du ciel, ayant un Évangile éternel pour l'annoncer aux habitants de la terre, à toute nation, à toute tribu, et à toute langue et à tout peuple, et disant d'une voix forte : craignez dieu et glorifiez-le, car l'heure de son jugement est venue et adorez-le celui qui a fait le ciel et la terre, et la mer et les fontaines. (Ap. 14-6. 7)

Voici quelle est l'interprétation de ce passage : À vous tous, nation et tribu, et langages et peuples, entendez et comprenez : louez le Seigneur et glorifiez-le, fût-ce pour le moins par terreur, car déjà va sonner l'heure de son jugement. Adorez celui qui créa le ciel et la terre, et la mer et les fontaines. J'estime, pour moi, que cet ange est celui que l'on aperçoit dès la seconde partie de ce livre, sous la figure d'un ange volant, annonçant l'immensité des maux qui doivent fondre sur l'orbe universel. Car il est écrit en cet endroit du texte : j'ai vu et entendu un aigle volant au milieu du ciel, disant à haute voix : malheur ! malheur aux habitants de la terre, à cause des sons de la trompette des trois autres anges.

Mais clamer : Malheur ! Malheur ! Qu'est-ce donc, si ce n'est annoncer l'heure du jugement ?

Et, certes, il n'est pas étonnant que celui qui est envoyé pour annoncer l'heure du jugement vole dans le milieu du ciel ; certes, il est nécessaire qu'ils voient les choses de haut, ceux qui cherchent à connaître, d'une manière à vrai dire inconsidérée, quelle est l'heure du jugement. Et comme celui qui par l'unique compréhension de la lettre connaît seulement les choses terrestres est pétri de terre et pareil à l'animal pesant, celui qui, au contraire, par le regard de l'esprit, fixe la vraie lumière, semble voler au milieu du ciel, puisqu'il laisse certaines choses au-dessus de lui, et d'autres au-dessous.

Or quel sens peut avoir le passage suivant : Craignez Dieu et rendez-lui hommage, si ce n'est que celui-là honore Dieu qui le craint, et que celui-là l'outrage qui dédaigne de le craindre.

Mais on ajoute : l'heure du jugement approche. C'est comme si on avait dit : et puisque jusqu'à maintenant vous avez regardé avec mépris les gens qui craignent Dieu lorsque la paix régnait encore dans le monde, et lorsque le moment de la ruine universelle était encore lointain, aujourd'hui du moins faites pénitence, puisque l'heure du jugement est proche.

L'heure du jugement, dans ce passage, ne signifie d'ailleurs pas le jour extrême, la fin des temps, mais, comme il y a lieu de le déduire du contexte, le temps de la désolation de Babylone[187]. Et tout ceci équivaut à dire : Adorez celui qui créa le ciel et la terre et la mer et les fontaines[188].

Après la prédiction des luttes et des tribulations de l'Église, luit l'heure de son triomphe et de la récompense des justes. Après le jugement dans le temps, le jugement de ce monde évoqué par le verset de l'Évangile éternel, aura lieu le Jugement définitif et aussitôt après, le règne des Saints. Les pages suivantes offrent une description de la Jérusalem céleste où s'achèvera dans la béatitude éternelle la dure histoire de l'humanité fidèle. Joachim a parcouru le cycle de la création en réalisant un vaste effort de logique. S'il n'a été possible de découper dans ces ouvrages compacts que des fragments, du moins ces fragments ont-ils donné une idée suffisante de la méthode et du plan de l'œuvre entière. Certaines opinions importantes de Joachim, notamment sur la supériorité de la vie contemplative, se trouvent dans les trois livres : on en trouvera l'exposé dans la traduction du Psaltérion.

La Jérusalem céleste

Il a paru intéressant de donner ici quelques notes assez étendues sur la symbolique de ce texte. Elles permettront au lecteur de se rendre un compte plus exact de la compréhension du monde qu'avaient les hommes du XIIIe siècle, et de voir, par un exemple choisi, à quel point toute réalité n'était pour eux qu'une image. L'univers, dépouillé de substance, se composait d'une multitude de signes qui correspondaient à une réalité suprasensible et définitive. Tout était ainsi allégorie et symbole, tout aussi devenait concordance. Il y a dans ces correspondances, selon le goût et l'imagination des différents auteurs, d'assez considérables variations. « L'herméneutique des pierreries est vague, écrivait Huysmans, elle ne se base que sur des ressemblances cherchées à plaisir, que sur des accords d'idées réunies à grand-peine. » Ce qui ne varie pas en cette matière, c'est la subtilité infinie des commentateurs.

> Les fondements de la muraille[189] de la ville étaient ornés de pierres précieuses de toute espèce[190]. Le premier fondement était de jaspe, le second de saphir, le troisième de chalcédoine, le quatrième d'émeraude, le cinquième de sardonyx, le sixième de sardoine, le septième de chrysolithe, le huitième de béryl, le neuvième de topaze, le dixième de chrysoprase, le onzième d'hyacinthe, le douzième d'améthyste.

Il n'est pas douteux que les couleurs de ces douze pierres précieuses désignent les vertus particulières qui furent accordées à chacun des apôtres, chacun ayant reçu de Dieu son don propre. Mais nous ne pouvons le distribuer par rang d'ordre aux apôtres, car les Évangélistes n'ont pas établi, dans les listes qu'ils nous en fournissent, de classement uniforme, et placent certains d'eux au premier rang, en de certains passages du Nouveau Testament, qu'ils déclassent ailleurs et font redescendre à la fin de leur énumération, afin que nous puissions être assurés, de la sorte, de l'égalité de leurs mérites[191].

Le fondement dont il est fait mention tout d'abord était formé de jaspe[192], symbole de la vraie foi, parce que Pierre, le chef des apôtres, était louangé pour la vigueur de sa croyance.

Le second fondement était de saphir[193], de cette pierre semblable à un ciel calme qui, si les rayons du soleil la frappent, jette un éclat que l'on dit brûlant. La couleur de cette pierre signifie la splendeur que nous ravissons au ciel lorsque, fortement stimulés par la parole du Christ — du Christ qui est le soleil véritable —, nous commençons à être enflammés par les rayons de son amour. Ainsi fut André qui, pour l'amour de la patrie céleste, quitta le siècle et suivit Jean-Baptiste, puis, ayant séjourné avec le Christ et se trouvant touché, en deux jours, par son rayonnement ineffable, crut en lui et devint un de ses disciples[194].

Le troisième fondement était de chalcédoine[195]. Cette pierre brûle d'un feu pâle comparable à la flamme d'une lampe et luit mieux en plein air que dans une maison. L'aspect de cette pierre figure l'humble ardeur de la charité qui quelquefois, à la vérité, demeure d'abord cachée en l'intérieur des âmes, mais qui, à la fin, apparaît lumineusement dans les œuvres extérieures de ceux qui la possédèrent ainsi en secret. Nous pouvons assigner cette vertu à Jacques, frère de Jean, qui, lorsque fut révélé quel amour puissant se cachait dans sa poitrine, fut le premier des apôtres pour l'effusion du cœur.

Le quatrième fondement était d'émeraude[196]. Cette pierre d'un vert profond offre au regard la nuance de l'huile d'olive la plus pure[197]. Sa couleur symbolise cette foi parfaite qui agit en nous par la charité et se diffuse entièrement dans nos cœurs par la grâce du Saint-Esprit qui nous est donné. Nous pouvons accorder cette vertu à saint Jean, l'auteur même de ce livre, car il fut empli abondamment de cette huile spirituelle. Aussi la tradition rapporte-t-elle que cet apôtre fut plongé dans un vase d'huile et que, semblable à l'émeraude, il tira profit de ce bain onctueux.

Le cinquième fondement était de sardonyx[198]. Cette pierre passe pour être noire à l'intérieur, blanchâtre dans la zone intermédiaire, et rouge à la surface. Sa composition donne l'image de cette vertu souveraine que note le psalmiste en divers endroits lorsqu'il dit : « Ils iront de vertu en vertu. » C'est-à-dire que si la teinte noire représente l'ignorance, cette ignorance elle-même est transmuée en humilité, vertu grande et utile entre toutes. Par là cette, couleur convient à Philippe qui, ignorant dès le début l'infinie bonté de Dieu, déclara que le Christ était le fils de Joseph, originaire de la ville de Nazareth et qui, s'élevant de là jusqu'à la blancheur de la vérité lorsqu'il entendit Pierre déclarer : « Tu es le Christ, le Fils du Dieu vivant, » parvint enfin jusqu'à la sanglante couronne du martyre.

Le sixième fondement était de sardoine[199]. Cette pierre simule le sang par sa couleur et représente la perfection du martyre : c'est le sixième jour que le Seigneur souffrit et arracha le genre humain à la mort, le rédimant par son propre sang. Cette perfec.tion du martyre s'applique à Barthélemy qui, écorché vif par les infidèles, supporta une dure passion.

Le septième fondement était de chrysolithe[200]. Cette pierre brille comme de l'or et produit des étincelles ardentes. Elle est le signe de la sagesse de Dieu d'où jaillissent des paroles enflammées qui brûlent les cœurs de ceux qui les entendent. Cette vertu doit être attribuée à Mathieu, le premier des quatre Évangélistes qui ait écrit la vérité sur la Bonne Nouvelle.

Le huitième fondement était de béryl[201]. Cette pierre, taillée en six facettes, fulgure comme si elle était frappée par le soleil, et passe pour posséder une telle chaleur qu'elle brûle la main qui la tient. Sa nature indique la perfection de l'activité sainte dont le Seigneur a dit : « Ainsi votre lumière brille devant les hommes, afin qu'ils voient vos bonnes œuvres et glorifient votre Père qui est au ciel. » Rien, en effet, ne réchauffe le faible cœur des hommes comme l'exemple de l'activité qui se révèle, par les bonnes œuvres, et ceux dont la fruste intelligence se rapproche de la nature y puisent leur seul réconfort et leur enseignement unique. Nous pouvons accorder cette vertu à Thomas, qui, envoyé aux Indes pour y prêcher le Christ, convertit par l'exemple de sa vie et de ses œuvres la plus grande partie des infidèles de ce pays, ravalés jusque-là au rang des brutes.

Le neuvième fondement était de topaze[202], pierre considérée comme extrêmement précieuse. Cette pierre est semblable à l'or très pur et au ciel le plus serein, éclatante au-dessus des autres joyaux, surtout lorsqu'elle est touchée par la splendeur du soleil. Elle symbolise la vie des contemplatifs, qui est suffisamment brillante par elle-même, mais devient plus éblouissante encore dans la vision de Dieu. Nous découvrons cette vertu dans Jacques, frère du Seigneur, qui apparaît lumineux entre les grands apôtres. Après la mort de Jacques, frère de Jean, il devint le premier dans les conseils apostoliques et mérita, par sa réputation supérieure, d'être appelé le frère du Seigneur[203].

Le dixième fondement était de chrysoprase[204]. Cette pierre offre une couleur pourpre, mouchetée de gouttes d'or. Son aspect figure la noblesse de la justice éclatant dans les sentences de la sagesse. Cette vertu peut être considérée comme celle de Jude, frère du Jacques dont nous venons de parler, qui, entre autres ouvrages de doctrine, écrivit une lettre insérée depuis dans la liste des écrits canoniques.

Le onzième fondement était d'hyacinthe[205]. La couleur de cette pierre change avec l'air. Elle signifie ce don de l'amour que l'Apôtre décrivait en disant, « Se réjouir avec ceux qui se réjouissent, pleurer avec ceux qui pleurent ». Nous pouvons peut-être en assigner le symbole à Simon, surnommé le Zélote, qui est cité avant Jude dans Luc[206], après lui dans Mathieu[207]. D'ailleurs, puisque les autres vertus ont été réparties entre les autres personnages du Collège apostolique, conservons celle-ci à ce saint Apôtre.

Le douzième fondement était d'améthyste[208]. Cette pierre de pourpre a les nuances de la violette et de la rose, et lance de son sein de petites flammes. Elle représente la noblesse de la justice véritable et parfaite qui se consomme dans l'effusion du sang pour le salut fraternel ; et Jean lui-même l'a rappelé : « Si Dieu a donné sa vie pour nous, nous devons donner la nôtre pour nos frères ». Cette vertu, nous l'assignerons à Matthias qui, par le mérite de ses vertus et la grâce d'en haut, fut ajouté aux onze, et se trouva de la sorte associé aux apôtres.

« Et dans cette ville je ne vis pas de temple. »

Donc, dit l'apôtre, je ne vis pas de temple dans cette Jérusalem, parce que le Père et le Fils en sont eux-mêmes le temple unique.

Certes, dans le temple bâti par la main des hommes que fit édifier Salomon, se trouvaient des Pontifes et des Prêtres, constitués en corps, et chargés d'enseigner au peuple la loi divine, ainsi que d'offrir, pour le délit et le péché, le sacrifice rituel. De même, mais bien plus élevé en dignité, le vénérable chapitre fondé à Rome pour le service du nouveau temple est organisé en Église, et chargé de donner au peuple des fidèles les décrets de la société religieuse et les règles de la véritable vie chrétienne ; présidé par le Pontife suprême, il gère ainsi pour le Christ toute la Terre, et la gérera jusqu'au jour où Celui qui est véritablement le Pontife suprême viendra chercher ses brebis et les visiter, comme le pasteur visite son troupeau éparpillé.

Mais dans cette cité dont il est parlé plus haut, nul temple élevé par des mains humaines n'apparaît nécessaire, et nul collège de prêtres ne s'impose pour apprendre de nouveau au peuple les voies de Dieu. Car le Dieu tout-puissant et son Fils sont toutes choses en tous, dispensent aux élus toute vérité, et ceci non par des rudiments obscurs comme dans la vie présente, mais par l'Esprit qu'ils nous donnent, et qui nous sera donné plus absolument encore en ce jour où nous serons admis aux joies paradisiaques.

Viens, seigneur jésus[209]

Fin du livre, fruit de la foi, récompense de notre œuvre, Celui qui doit venir juger les vivants et les morts, et l^e siècle, par le feu. Toutes ces choses cesseront dès que lui-même sera venu pour le dernier jugement ; il n'apparaîtra pas alors celui qui requiert, mais bien celui qui aime ; nous le verrons tel qu'il est, et nous recevrons de lui toute vérité. Et, le livre termine, Jean se tourne vers les élus comme pour leur dire adieu ; puis il nous renvoie avec sa bénédiction.

Que la grâce du seigneur jésus soit avec tous

Mais nous reportons, nous, ces grâces à celui qui nous amène, après une telle traversée en haute mer, jusqu'au port, et si en quelque endroit de cet ouvrage, j'ai commenté son œuvre autrement qu'il ne l'eût lui-même désiré, je le prie d'accorder néanmoins son indulgence au défaillant qui entreprit ce travail.

C'est que la crainte et la charité me forcèrent vraiment à présumer ce que j'ai présumé, afin d'éviter le reproche du

Maître qui dit à son mauvais et paresseux serviteur coupable d'avoir caché l'argent dont il avait reçu le dépôt : « Serviteur mauvais et paresseux, tu savais que je moissonne où je n'ai pas semé et que j'amasse où je n'ai pas vanné ; il te fallait donc remettre mon argent aux banquiers, et à mon retour j'aurais retiré ce qui était à moi, avec un intérêt. »

Et maintenant, ô fidèles que, désireux de votre salut, j'ai voulu éclairer sur la signification d'une telle œuvre afin que, l'heure venue, vous fuyiez de la face de l'arc, maintenant je vous adjure de me tendre la main à votre tour si, que ce soit en ce livre ou en d'autres de mes ouvrages, j'ai erré en quelque point. Certes, je n'en ai pas conscience. Cependant, le cas échéant, je ne nie, ni ne m'excuse ! Celui qui est la bonté suprême me sera indulgent et connaissant bien ma faiblesse, me pardonnera dans sa clémence. Si, tandis que je vis encore, quelqu'un de mes lecteurs me corrige justement, je suis prêt à accepter son reproche, imitant humblement celui qui a dit : « Le juste me corrige en miséricorde, mais l'huile du pécheur ne graisse pas ma tête. »

Et si un rapide appel du Seigneur m'a enlevé à la terrestre lumière, mais que l'Église romaine, à laquelle est accordé l'universel magistère et qui d'ailleurs m'a donné mandat et licence d'entreprendre mes travaux, ordonne que ces mêmes travaux lui soient soumis, je l'adjure d'y supprimer, après leur avoir conféré l'autorité dont ils sont dignes, tout ce qu'elle y pourrait distinguer de répréhensible. Car si le grand apôtre apporta ses écrits aux apôtres ses prédécesseurs, afin de ne pas courir à l'avenir dans le vide ou de peur d'avoir couru dans le vide pour le passé, à plus forte raison ne dois-je pas, moi qui ne suis rien, me reconnaître pour mon propre juge, mais dois-je bien au contraire m'en remettre au Pontife suprême qui juge tous les hommes et n'est lui-même jugé par personne.

Quant à ceux qui liront mes ouvrages et qui n'auront pas de lumière spéciale sur le sujet qui s'y trouve traité, ils pourront être entraînés par des gens mal intentionnés à une illégitime interprétation de ma pensée ; je les prie de bien vouloir en ce cas, si un passage leur paraît obscur, chercher dans une autre partie de mon œuvre mes moyens de défense, car ils y trouveront la claire explication du texte mal compris. Et si des hommes iniques altérèrent les épîtres de Paul, si Jamnès et Mambrès, ces impies, résistèrent à Moïse, combien nous apparaît-il plus nécessaire encore que s'accomplisse ce dont l'apôtre menaçait les suborneurs de vérité lorsque nous voyons arriver les temps périlleux qui nous réservent l'accomplissement de bien d'autres prédictions. Mais nous n'avons pas grande confiance dans le monde, accoutumés que nous sommes à nous fier à Dieu seul. Donc de même que se vérifie ce qui fut prédit des adversaires de la vérité, de même il est indispensable que se réalise ce qui y fut ajouté : mais au-delà ils ne profitent plus, car leur folie est connue de tous, comme elle l'est d'eux-mêmes.

148 *L'Exposition de l'Apocalypse* est précédée d'un *Liber Introductorius* (*Livre introductif à l'explication de l'Apocalypse*) qui expose certains détails de la doctrine de Joachim.
149 Saint Jean, 8, 36.
150 Cor., I, 13-9.
151 Cor. II, 3, 17.
152 Saint Benoît est un des personnages importants du drame universel décrit par Joachim. Fondateur d'un Ordre puissant, il apparaît comme le précurseur des grands ordres dont le règne coïncidera avec le troisième état. Dans une des listes de cette concordance, Joachim inscrit en marge de la sixième génération (à partir du Christ) l'indication de la fondation de l'ordre bénédictin et le nom de saint Benoît, puis au chapitre 14, il prend la fondation de cet Ordre comme point de repère dans le calcul des générations. La fuite de saint Benoît, lorsqu'il s'enferma dans une caverne, au milieu d'un paysage tragique proche de Subiaco, eut peut-être son influence dans la fuite de Joachim vers la solitude de Flore. En tout cas l'œuvre de ce grand moine qui modela toutes les abbayes d'Europe à l'imitation de son abbaye ne pouvait que frapper l'imagination de Joachim.

153 Paul et Barnabé furent associés dans la prédication évangélique aux autres apôtres, après que le collège apostolique eut été complété par l'élection de Matthias.
154 Ap., 6-1-2.
155 Josué, 24-29.
156 Joachim semble bien forcer ici le sens des paroles évangéliques. Jésus dit, en effet : « Je vous dis encore que, si deux d'entre vous s'accordent sur la terre pour demander une chose quelconque, elle sera accordée par mon Père, qui est dans les cieux. Car là où deux ou trois sont assemblés en mon nom, je suis au milieu d'eux ». Math., 18-21-22. Il est évident qu'il s'agit là de la prière.
157 Pour Pierre Olivi qui reprit en partie la thèse Joachimite, la division des temps se répartissait ainsi, d'après les années de l'Apocalypse :
Le premier temps comprenait la fondation de l'Église primitive, et commençait à la mission du Saint-Esprit.
Le deuxième comprenait l'affermissement de l'Église par la résistance des martyrs, et commençait à la persécution de Néron.
Le troisième comprenait l'explication de la foi par la lutte contre l'hérésie et commençait à la conversion de Constantin
Le quatrième comprenait, le développement de l'érémitisme, et commençait à saint Antoine.
Le cinquième comprenait la vie commune des clercs et des moines possédant des biens temporels, et commençait à Charlemagne.
Le sixième comprenait la restauration de l'Église primitive, la floraison d'une nouvelle chrétienté, la conversion des juifs, et commençait à saint François.
Le septième devait comprendre une sorte de participation prématurée de l'Église à la paix divine, puis la résurrection générale. Il devait commencer à la mort de l'Antéchrist pour la première partie, et au jugement dernier pour la seconde.
158 Quelques commentateurs fixaient les débuts du sixième temps à la révélation faite à Joachim de l'ouverture du règne de l'Esprit, c'est-à-dire en l'an 1200. Pierre Olivi estimait, comme nous l'avons dit dans la note précédente, que le Sixième temps commence à Saint François, et s'ouvrira définitivement au moment de la chute de Babylone. Ce sixième temps, pour lui comme pour Joachim, devait voir la réforme des ordres monastiques et la réapparition de l'Église primitive. Les fidèles alors ne garderont pas seulement les préceptes, mais se conformeront aux conseils. Au sixième temps Jésus-Christ a rejeté le judaïsme charnel ; au sixième temps du second état,

saint François apparut, marqué des stigmates et vraiment crucifié avec le Christ, et l'Église charnelle fut abolie. Certains franciscains ajoutaient que saint François doit ressusciter à la fin de ce temps, afin de consommer par cette glorification sa conformité avec le Christ.

159 Antiochus IV, roi de Syrie, (175-164) célèbre par son faste et sa cruauté. Il s'empara de Jérusalem et, pour outrager les Juifs, fit élever dans le temple une statue de Jupiter Olympien. Les Macchabées soulevèrent le peuple et chassèrent l'armée syrienne. De nombreux juifs virent en lui l'Antéchrist.

160 Ce nom symbolisait pour Israël les peuples ennemis venus des extrémités du monde. (Jean Ap., 20-8). Les écrivains juifs ont trouvé dans Ezéchiel les noms de *Gog* et de *Magog* : Ezéchiel, 38, 1, 2 4 7-8-9 et 39.

161 Math., 24-5.

162 Ap. 12-3-4.

163 Cf. note 70.

164 Chosroès II, roi de Perse de 590 à 628. Au cours de la guerre qu'il poursuivit contre Phocas, empereur de Byzance, son gendre Chainbarâz s'empara de Jérusalem, pilla le Saint Sépulcre, et emporta la Vraie Croix, que son fils Siroes, pour conclure la paix avec l'empereur, devait accepter bientôt de restituer.

165 Selon divers commentateurs, il s'agirait de Licinius, empereur (307-323) dont la persécution contre l'Église ne dura que peu d'années.

166 L'idée du millénarisme est d'origine juive (cf. *Apocalypse* de Daniel et d'Esdras). Les juifs espéraient que le messie leur apporterait, après toutes leurs tribulations, un règne effectif de mille ans. Cette idée se mêla rapidement, chez un certain nombre de docteurs et de fidèles des premiers siècles, à la pensée chrétienne.

167 « Significat sanctum illum enthusiasmum quo prophetœ correpti extra mundum quasi sapiebantur et peregrinabantur cum Domino. In dominica die. Ergo a tempore Joannis et Apostolorum cultus sabbathi fuit translatus in Dominicam ab honorem resurrectionis Christi quæ in Dominica conti.git. » Cornelius a Lapide. *Acta Apostolorum.*

168 Math. 25-26.

169 Ce passage de l'*Expositio* est reproduit en tête du *Liber Concordie*, à la suite du « Testament de Joachim » (cf. p. 25) et de la « Lettre de Clément » (cf. p. 89).

170 Gal., 3-29. La référence donnée ici en marge du texte de l'édition de 1527 ; Gal., 6. est inexacte.

171 Ap., 14-6.

<u>172</u> Ezéchias avait dit à Isaïe : « À quel signe reconnaîtrai-je que l'Éternel me guérira, et que je monterai le troisième jour à la maison de l'Éternel ? Et Isaïe dit : Voici, de la part de l'Éternel, le signe auquel tu connaîtras que l'Éternel accomplira la parole qu'il a prononcée : l'ombre avancera-t-elle de dix degrés ou reculera-t-elle de dix degrés ? Ezéchias répondit : C'est peu de chose que l'ombre avance de dix degrés, mais plutôt qu'elle recule de dix degrés. Alors Isaïe le prophète, invoqua l'Éternel qui fit reculer l'ombre de dix degrés sur les degrés d'Achaz où elle était descendue ». II. Rois, 20.

<u>173</u> Plusieurs explications ont été données de ce passage. D'après Bossuet, la femme représenterait l'Église, le Soleil Jésus-Christ, qui la revêt de sa splendeur ; la lune symbolise, avec la clarté qui ne lui est pas propre mais qui lui vient du soleil, les créatures, les choses terrestres ; les douze étoiles figurent les douze apôtres. Quant au dragon, c'est l'Empire, avec ses sept empereurs persécuteurs, et les rois barbares qui dominèrent une grande partie des provinces de l'Empire.

<u>174</u> Sabellianus, membre de l'Église de Rome, vers la fin du IIe siècle, poussa très loin les principes unitaires du monachisme. Il fut excommunié par le pape Calixte, anathématisé par le Concile d'Alexandrie, et finit prêtre à Ptolémaïs. Disciple de Noëtus de Smyrne et de Praxéas, il défendit la conception d'une distinction entre les personnes de la Trinité dont l'unité peut être comparée à celle d'un homme, constituée par l'union du corps, de l'âme et de l'esprit.

<u>175</u> Arius naquit en Lydie vers la fin du IIIe siècle. Arius concevait, dans la Trinité, trois substances séparées sans unité spécifique. Il y a donc, à l'intérieur même de la Trinité, des différences de puissance et de lien, une sorte de hiérarchie divine. Le Père a créé le Fils, et le fils a créé le Saint-Esprit. Seul, en conséquence, le Père existe par lui-même, et les autres personnes de la Trinité sont donc logiquement à son égard, encore que parfaites elles-mêmes, dans la situation de l'être créé à l'être créateur. L'unité est rompue au profit du Père. D'autre part, le monde n'est plus sa création qu'au second degré puisqu'elle est tout entière l'œuvre du Fils. Le Saint-Esprit lui-même est créé par le Fils, et semble ainsi le lien le plus parfait entre l'univers et la Trinité, puisqu'il est lui-même l'œuvre du Créateur de cet univers. Une telle doctrine fausse la conception orthodoxe de la Trinité en détruisant l'unité de substance et en recomposant une Trinité à degrés ; elle fausse également la théorie chrétienne de l'Incarnation, en transformant les rapports

du Fils Incarné avec le Père. Arius remplace l'hypostase une et triple par trois hypostases. Il organise en somme la Trinité par la simple coexistence des trois personnes.

176 Cette phrase de l'Apocalypse a donné lieu à de nombreuses interprétations. Quelques commentateurs ont cru qu'il s'agissait ici de la femme de l'Évêque de Thyatire. D'autres, comme Épiphane, ont cru qu'il s'agissait sous ce nom unique de Priscille, Quintilla et Maximilia, qui voyaient en Montages le Saint-Esprit. D'autres encore ont jugé qu'il s'agissait du groupement juif de Thyatire. Enfin certains ont jugé que ce texte visait une femme disposant d'une grande influence et la mettant au service de l'hérésie.

177 Colonie macédonienne établie sur l'emplacement d'At-Seraï, sur le Lycus, dans le bassin de l'Hermon. Thyatire était une ville très commerçante, spécialisée dans la teinture et l'exportation de la pourpre. Son église fut une des premières communautés, et groupa surtout des juifs convertis. Saint Paul lui adressa une épître.

178 Il est probable que l'ange de Thyatire est ici saint Carpus, qui avait évangélisé Thyatire et en avait été nommé évêque.

179 La Bête qui sort de la mer représentait, au temps de Joachim, le monde musulman, qui menaçait d'au-delà de la Méditerranée les peuples chrétiens.

180 Dan., 7-3.
181 Ezéch., 1-9.
182 Ici les Sarrasins.
183 Dan., 7-5.
184 Ap., 13-2.
185 Selon certains commentateurs le lion serait Dioclétien, l'ours Galère Maximin « homme venu du Nord, sauvage brutal, géant informe et qui s'entourait d'ours » (Bossuet), le léopard Maximien.

186 Bossuet écrivait dans son Commentaire de l'Apocalypse, au sujet de ce même passage : « Après la chute des persécuteurs et l'abaissement de l'idolâtrie, il ne restait plus qu'à faire régner l'Évangile de Jésus-Christ, à le faire annoncer par toute la terre. L'Ange porte l'Évangile éternel qui doit durer jusqu'à la fin des siècles, pour le distinguer de la Loi de Moïse, qui ne devait durer que jusqu'au Messie. » L'explication est ici mi-partie historique, mi-partie allégorique, et embrasse une plus vaste étendue de temps sans s'arrêter, comme la précédente, à des détails particuliers.

187 Le sentiment de Joachim est ici à peu près le même que celui d'Alcazar.

188 Quelques lignes plus bas, Joachim estime que l'ange qui vole ainsi au milieu du ciel symbolise le pape Grégoire. Aureolus juge, pour sa part, que cet ange est saint Boniface, qui évangélisa, au VIIIe siècle, la Germanie, prêchant en Thuringe, en Frise, en Austrasie, fondateur dans ces pays d'églises et d'évêchés.

189 « Ces douze fondements symbolisent tantôt les douze apôtres, tantôt les douze articles du symbole composé par eux. Ribera et Viegor et d'autres ont fourni des explications sur les apôtres. Glossa et Alcazar ont fourni des explications sur les douze articles du symbole. » (Cornelius a lapide).

190 La question a été posée par certains exégètes de savoir si ces pierres précieuses avaient dans la Jérusalem céleste une existence réelle, s'il fallait les concevoir comme des symboles. Saint Augustin, dans un commentaire du Livre de Tobie accorde expressément aux pierreries de l'Apocalypse une réalité matérielle.

191 C'est ainsi par exemple que Mathieu place Simon avant Thaddée que Luc, Thaddée avant Simon, et que Marc place Jacques et Jean avant André.

192 Cette pierre réconforte les languissants (Boëce-Pline), fait fuir les fantômes et assure celui qui la porte contre les maléfices. Sur le pectoral du grand-prêtre, elle correspondait à Gad, qui passait pour fort et habile dans les armes. Les commentateurs l'attribuent à saint Pierre qui, pierre de l'Église, brille au milieu des Apôtres et fut louangé pour la solidité de la foi.

193 Le saphir est la plus sainte des pierreries. *Gemma sacra* (Pline) *Gemma gemmarum olim sapphirum appellari* (*Corn. a Lap.*). Il donne a regard une acuité plus vive. *Sapphirus visum acuit* (Boëce) Saphar signifie beauté suprême : Ezéchiel décrit le trône de Dieu comme un saphir.

194 Jean, 1-35-42. Mathieu IV - 18-22.

195 La Chalcédoine luit dans les ténèbres comme une flamme (saint Augustin, Isidore) « aquis perfusi incandescunt. » (Pline). Sur le pectoral elle représente Dan, parce que les Danilides incendièrent une ville et que Samson, qui mit le feu aux moissons des Philistins, appartenait à cette tribu. Elle symbolise, parmi les apôtres, Jacques, frère de Jean.

196 L'émeraude — *baraket* — est une pierrerie d'un vert profond. Elle donne la vision de l'avenir, l'esprit prophétique ; elle accorde aussi la force. Elle est également, et surtout, la pierre de la chasteté. Sur le pectoral, elle désigne Juda, c'est-à-dire la force. Parmi les apôtres, elle symbolise Jean, seul vierge dans le

collège apostolique.

197 Cornelius a Lapide cite dans son commentaire cette pensée de Joachim. Il y a lieu de noter à ce propos qu'il existe des émeraudes jaunes.

198 Cornaline. Cette pierre est de la couleur transparente de l'ongle humain. Elle va du rose au rouge. Elle rougeoie comme la sardoine et brûle comme l'onyx. Elle comporte trois couleurs superposées (Isidore. Alcazar). Elle était fort prisée dans l'antiquité. Sur le pectoral, elle correspondait à Manassé. Elle symbolise Philippe qui est le cinquième des apôtres.

199 La sardoine donne la joie, guérit les plaies ; elle arrête le sang (Boëce). Elle est sans tache. Elle fait fuir les démons. Elle correspond, sur le pectoral, à Ruben. Elle symbolise saint Barthélemy qui, écorché vivant pour la foi du Christ, prit, tout sanglant, la rouge apparence de cette pierre précieuse et fut formidable aux démons (Corn. a Lap.).

200 La chrysolithe est nuancée d'or et de vert. Alcazar la déclare dorée, mais elle est couleur de mer ; « Chrysolithus auro similis est cum marini colo.ris similitudine. » Isidore. Elle guérit les asthmes, les angines de poitrine, la mélancolie, la pusillanimité, chasse les terreurs nocturnes. « Or le jour, flamme la nuit. » (Pline). Sur le pectoral elle représente Ephraïm. Elle symbolise Mathieu, ardent dans l'amour du Christ et qui fut le premier des Évangélistes. Elle correspond au septième article du symbole : Il monta au ciel où il est assis à la droite du Père, car, couleur de la vie céleste azurée, elle évoque la joie et le triomphe de l'ascension. De plus, l'or est le symbole de la félicité parfaite, de la pureté, de l'abondance et de l'éternité que le Christ reçoit à la droite de son Père.

201 Le béryl est couleur de la mer, vert et bleu. (Boëce) C'est l'aigue-marine. Il excite le courage et guérit les maladies des yeux et les catarrhes. Sur le pectoral, il désigne Benjamin. Parmi les apôtres, il symbolise saint Thomas dont les yeux furent de béryl, glauques et perspicaces, lorsque le Christ lui fit voir et toucher ses plaies. Il correspond au huitième article du symbole : « D'où il viendra juger les vivants et les morts ». Sa couleur de mer calme évoque le limpide jugement du Christ que ne troubleront jamais ni faveur ni passion, et sa clairvoyance. Il signifie aussi, par sa couleur, la terreur du jour du Jugement, car les yeux glauques très brillants ont coutume de semer l'effroi : tels les yeux des dragons, des lions et des aigles ; et ceux de Néron et de Pallas. (Corn. a Lap.). Le béryl excite le courage et pousse au combat : ainsi la méditation du Jugement pousse à la lutte contre les démons et les assauts de la chair. Il dessèche les

catarrhes : ainsi la méditation du Jugement arrête les appétits charnels.

202 Cette pierre est vert et or. Strabon la prétendait translucide. Elle est très délicate « Est delicatissima, quia sola nobilium gemmarum limam sentit, et usu atteritur » (Pline). Elle apaise les passions de l'âme, spécialement le lunatisme, la frénésie, la colère, la tristesse, la luxure. Elle guérit la toux, l'hydropisie, les ictères, les maux de reins. Elle donne le sommeil. Elle signifie la force du bras. Elle réfléchit les rayons du soleil. Sur le pectoral, elle désigne Siméon, qui fut vigoureux et massacra les Sichémites (Gen., XXXIV).

203 « L'expression frère de Jésus n'est autre que le titre consacré de frère du Maître, sous lequel, depuis Paul, ce Jacob était connu des chrétiens ». P.-L. Couchoud. *Le mystère de Jésus.*

204 Agate. Cette pierre est verte et or, avec des nuances de topaze. Quelques commentateurs lui ont attribué le don de libéralité. Elle dilate l'esprit, le rend joyeux. Elle signifie aussi une certaine acrimonie. Elle guérit les maladies d'yeux. Sur le pectoral, elle désigne Issachar. Elle symbolise parmi les apôtres Judas Thaddée, dont la dure parole était fatale aux ennemis de la foi. (Corn. a Lap.). Elle correspond au dixième article du symbole des Apôtres « la Sainte Église catholique et la Communion des Saints. »

205 Cette pierre change de couleur avec le ciel, s'obscurcit lorsqu'il se couvre de nuage. Les médecins en composaient des remèdes, et l'on avait coutume de la suspendre au cou et de la porter du côté du cœur. Elle raffermit le corps, donne le sommeil et la joie. Elle supprime l'envie, donne l'amour de la chasteté, dissout les passions violentes et rétablit la paix. (Corn. a Lap.). Sur le pectoral elle signifie *Aser*. Parmi les apôtres, elle symbolise Simon le Zélote qui fut de vie très pure, de mœurs suaves, et fit preuve d'une ardente prédication. Elle correspond au onzième article du symbole des Apôtres : la rémission des péchés.

206 Luc, 6.

207 Act., I, 15-26.

208 Cette pierre est d'un pourpre qui tire sur le violet. Plutarque dit qu'elle a la force d'attirer les choses qui se trouvent près d'elle. Elle rend prospère, heureux, et vigilant. Elle signifie l'abnégation. Sur le pectoral, elle désigne Zabulon. Parmi les apôtres, elle symbolise Matthias, qui fut humble, et fut élu le dernier en la place de Judas. Matthias veut dire en hébreu don de Dieu. Elle correspond au douzième article du symbole : la résurrection de la chair et la vie éternelle. En effet, elle a la

couleur du vin, qui signifie la joie des bienheureux.

<u>209</u> « Amen, venez Seigneur Jésus. L'âme fidèle ne cesse de l'inviter et de désirer son royaume. Admirable conclusion de l'Écriture, qui commence à la création du monde et finit à la consommation du règne de Dieu, qui est ainsi appelé nouvelle création. » Bossuet.

LE PSALTÉRION À DIX CORDES

Préface de Joachim au Psaltérion décacorde

La tradition des Pères nous a transmis, à nous modernes, cette idée que la psalmodie est d'un grand prix. Et cela découle du psaume quarante-neuf : « le sacrifice de la louange m'honorera et par là je montrerai le chemin du salut en Dieu ».

Certes ils sont nombreux, ceux qui désirent la sagesse. Ils donnent tout leur zèle à l'étude ; ils s'appliquent à la doctrine, mais sans parvenir jamais à la moelle de celle-ci. Ils ne s'en remettent pas, en effet, à la grâce divine, mais bien plutôt à leur propre jugement. Une telle méthode ne leur est pas, dès le principe, avantageuse, car ils ne trouvent pas la clef qui ouvre la porte aux chercheurs de vérité ; mais ils tâtonnent bien au contraire le long des murs, ne sont jamais en mesure de découvrir le seuil. Travaillant tout le jour, ils n'arrivent pas à la découverte du vrai. Cela nous le comprîmes, nous le vîmes, nous le vérifiâmes, et nous ne nous sommes pas trompés, car nous l'apprîmes par l'épreuve.

Moi aussi, en effet, j'étais autrefois anxieux de la parole de Dieu et je cherchais, par l'étude des livres, à parvenir jusqu'à la notion de la vérité. Mais tandis que je brûlais de voler jusqu'à elle par la lecture, elle prenait des ailes aussi promptes que celles de l'aigle, et déjà elle était plus loin, et toujours s'éloignait.

Mais comme, vers ce temps, saisi d'une ferveur extrême, je choisis la psalmodie comme un moyen de m'unir à Dieu, voici que je vis de nombreux secrets de l'Écriture, demeurés obscurs dans le texte, se révéler à moi dans le rythme des Psaumes. « Bienheureux ceux qui habitent dans ta maison, Seigneur, s'écriait le Psalmiste : ils te louent, pendant les siècles et des siècles. » Mais alors que, par la pensée et par le désir je jouissais déjà en moi-même d'être l'hôte spirituel de cette cité supérieure, dans la riche vision de la paix céleste, je fus ramené violemment en arrière vers des préoccupations d'un autre ordre, et le souci des affaires m'impliqua dans des négociations relatives à la conduite matérielle du monastère, — négociations profanes, ou qui doivent être considérées du moins comme à peu près profanes — Et je fus poussé à m'exclamer, avec un douloureux gémissement du cœur : « Malheur à moi, parce que mon exil se prolonge ; j'ai habité avec les habitants du Cédar ; vraiment c'est dans un rude exil que mon âme fut plongée. » Et ceci encore : « Ma vie est coupée ainsi que par un tisserand : tandis que j'ourdissais, il a coupé[210]. »

Cette tristesse implorante se prolongea longtemps en moi. Et quelques années plus tard il arriva ceci. J'habitais alors au monastère de Casemare, où le vénérable abbé Gérard et tous les frères de ce cloître me retenaient par les liens de la charité. Le jour vint où l'on célèbre l'effusion de tous les dons du Saint-Esprit dans l'âme des apôtres, et je dus, précisément très occupé par ces négociations matérielles, sacrifier à ce seul travail une partie des offices, et donc ma part de louanges. Attristé par la pensée que je me trouverais ainsi privé pendant cette journée du bénéfice d'une telle grâce, je décidai de réciter, aux heures de liberté dont je disposerais, quelques psaumes qui me permettraient de témoigner au Paraclet, et mon respect pour la fête de ce jour, et mon désir de la solenniser. J'espérais participer de la sorte, par l'octroi de quelques grâces, aux dons qu'il répand, ce jour-là, si largement à tous.

Cependant, comme je pénétrais dans l'oratoire et que je me disposais à adorer au pied de son autel le Dieu tout-puissant, je fus saisi d'une brusque hésitation touchant le mystère de la Sainte Trinité. Il est dur, pensais-je, pour l'intelligence comme pour la foi, d'admettre que trois personnes forment un Dieu, et que chacune de ces personnes soit cependant un Dieu distinct. Aussitôt je priai intensément, et, frappé d'effroi par la pensée qui m'était venue, je suppliai le Saint-Esprit, dont la haute solennité se déroulait à cette heure, de daigner m'éclairer lui-même sur le mystère sacré dans lequel Dieu enferma pour nous l'essence de toute vérité. Et tandis que je le suppliais de la sorte, je commençai de psalmodier, afin de parvenir à la cadence voulue. Tout aussitôt la forme du Psaltérion à dix cordes s'évoqua dans mon imagination, et le mystère de la Sainte Trinité se dévoila si nettement dans ce symbole que dans le même instant je m'écriais : « Quel Dieu est grand comme notre Dieu ? Tu es le Dieu qui fais des choses merveilleuses. » Et ceci encore : « Notre Dieu est le Dieu suprême ; sa force est grande et sa sagesse est infinie. »

Donc, dans ce même monastère, j'ai commencé le premier livre de ce travail où je devais commenter et dérouler cette interprétation, et je l'y ai achevé en y apportant toute mon expérience. Mais je n'ai composé le second et le troisième ni dans ce même temps ni dans ce même lieu et n'ai pu aborder ces deux autres parties que deux ans plus tard.

Si cette œuvre comprend trois livres, c'est parce qu'il y a trois Personnes en Dieu, et que c'est là, vraiment, la beauté de notre foi. Après elle vient l'œuvre de la concorde, par laquelle j'avais débuté dans mon travail. Quant à l'Exposition de l'Apocalypse j'aurais pu songer à la dédier à l'Esprit Saint, puisqu'au moment où je l'ai entreprise j'ignorais entièrement où elle me conduirait et que, par je ne sais quelle volonté de la Providence, c'est à Lui qu'elle m'a conduit, à Lui dont la grâce m'a permis d'écrire ce troisième opuscule. Mais comme dans les choses créées il n'y a rien qui puisse être ainsi attribué à une seule personne (car, si nous l'admettions, il y aurait donc une chose étrangère au règne et à l'action des deux autres), je peux affirmer que dans cette œuvre elle-même de l'Exposition de l'Apocalypse, rutile le mystère entier de la Trinité, et qu'il ne pouvait en être autrement.

Pour ce qui est du présent ouvrage, le Psaltérion, le premier livre dans lequel il s'agit, du corps de l'instrument se rapporte au Père, de qui toutes choses procèdent ; le second, dans lequel je m'occupe de l'harmonie des psaumes, à la Sagesse divine, par qui tout est créé ; le troisième, dans lequel j'examine la façon de psalmodier, à l'Esprit, dans lequel sont toutes choses. Que la joie et l'exaltation du Très-Haut emplissent ceux qu'il comble de ses dons. — Ici finit la Préface.

Du psaltérion et de la cithare[211]

Le Psaltérion est un instrument d'une haute excellence remarquable entre tous les instruments de musique, auquel toutefois l'on peut, pour la célébration des mystères divins, comparer la cithare. David dit en effet de cette dernière, dans le livre des Psaumes : « Chantez le psaume et donnez du tympa.non ; chantez le psaume joyeux en l'accompagnant de cithare. » Et dans un autre psaume, il dit également : « Louez Dieu au son de la trompette, louez-le avec le psaltérion et la cithare. » Pourquoi la cithare est-elle ainsi jointe au psaltérion, sinon parce qu'à ce précepte primordial : Aime Dieu, il faut de toute nécessité joindre celui-ci : Aime ton prochain... Donc, ainsi que je l'ai déjà dit, le psaltérion est un instrument admirablement accordé, comprenant dix cordes dans son creux, d'un galbe élégant, d'un son très fin, et dont la modulation est véritablement suave.

Dieu

Dieu est un, sans confusion de personnes, triple dans les personnes sans division de substance. Toujours il est ce qu'il est, et, jamais il ne peut être autre que triple et un. Il ne peut être modifié, il ne peut être divisé, ni souffrir, ni être diminué, ni être augmenté. Mais, ainsi qu'il est écrit, il ne peut y avoir en lui de transmutation, ni l'ombre même d'un changement. Il n'est pas plus grand dans les trois personnes que dans une seule, parce que ni la toute-puissance, ni la sagesse, ni l'amour ne peuvent se surpasser. Les trois sont un, et l'un trois, non divisés par nature comme l'air, l'eau et le feu ; non par une distinction de personnes, comme trois hommes de même nature ; non par la situation de leurs places respectives, comme l'étang, et le fleuve qui en dérive, et nullement comme les choses créées, parce que l'œuvre ne peut être comparée à l'artiste, et que l'ouvrage ne peut être égalé au maître.

Donc n'entends pas une substance divine ou un Dieu qui est tel que tu puisses le concevoir divisé en trois personnes, ainsi que tu pourrais concevoir trois choses divisées, comme l'olive, le myrte et la palme, qui sont divers de nature et de genre, ni comme trois olives, qui sont d'une seule nature mais cependant distinctes par les propriétés de leurs corps ; ni comme trois rameaux fixés sur une seule branche, ce qui t'amènerait insidieusement à une quaternité.

Mais peut-être pourrions-nous chercher un exemple dans la lumière du soleil. De cette lumière en effet, un rayon est né indéfiniment et une chaleur descend sans fin, qui parviennent sur cette terre sans jamais remonter vers leur source.

Laïcs, clercs et moines

Les laïcs, comme d'ailleurs nous l'avons dit maintes fois, ont pour mission d'agir, les clercs d'enseigner, et les moines de chanter les louanges de Dieu. Toutes ces choses sont bonnes et nécessaires dans la maison du Seigneur, car les architectes qui bâtirent le Temple ne choisirent pour son ornementation ni l'or seul, qui symbolise la vie des contemplatifs et de ceux qui louent Dieu, ni l'argent seul, qui symbolise la parole de ceux qui enseignent au nom du Seigneur, selon qu'il est écrit : « La parole de Dieu, parole chaste, argent passé à l'épreuve du feu », mais usèrent de ces deux métaux, et y ajoutèrent l'airain…

Et puisqu'il s'agit de ces trois ordres, nous pouvons établir que l'ordre des époux apparut le premier et brilla dans Abraham et Isaac, auxquels Dieu accorda une postérité éternelle.

L'ordre des clercs apparut le second et brilla dans Moïse et Aaron.

L'ordre des moines apparut le troisième et brilla dans Élie et Élisée. En effet, aux deux patriarches que nous venons de citer succédèrent de nombreux patriarches ; Moïse et Aaron précédèrent la caste des lévites ; Élie et Élisée précédèrent les fils des Prophètes qui demeurèrent à Bethel et à Jéricho.

Ainsi l'ordre des Époux qui commença par Adam brilla dans Abraham ; l'ordre des Docteurs qui commença par Moïse et, à un autre point de vue, par Isaïe, brilla dans le Christ, et dans les apôtres ; l'ordre des moines commença par Élie ou plutôt par saint Bernard. Quelle est la lumière du Christ, sinon l'œuvre de justice ? Ainsi parle le Seigneur : votre lumière luira devant les hommes, afin qu'ils voient vos bonnes œuvres et glorifient votre Père qui est aux cieux. Et pour cela l'Esprit, qui procède du Père, doit régner à l'heure des contemplatifs, comme le Christ a dominé l'époque des docteurs.

Dans ses ouvrages, à diverses reprises, Joachim a marqué cette prédominance des contemplatifs dans l'économie du plan divin, et prophétisé le règne déjà tout proche des ordres monastiques. Il faut voir dans celle affirmation répétée, corrélative à la rudesse avec laquelle il vitupère les faiblesses des clercs, l'une des raisons les plus puissantes de l'importance de l'Évangile éternel dans l'histoire religieuse du XIIIe et même du XIVe siècle. Ni les généalogies ni les concordances n'eussent suffi à rendre ce livre dangereux. Mais, par ce point, la thèse de Joachim touchait à la vie, devenait elle-même vivante et agissante.

Sans le distinguer nettement, il montrait en somme aux grands ordres le chemin du pouvoir social.

Les contemplatifs

Comme l'ordre des docteurs, par l'essence même des mystères, relève du Christ, l'ordre des contemplatifs relève de l'Esprit-Saint. Son origine remonte à Élie et à Isaïe, comme je le démontrerai à la fin de cet ouvrage où il sera parlé des généalogies spirituelles. Et vraiment, puisque l'Esprit-Saint procède du Fils, il était nécessaire que le troisième état ait son ordre particulier — ordre uni cependant à son prédécesseur dans la glorification du Créateur de toutes choses, et dont l'origine, par l'institution des moines occidentaux que fonda saint Benoît, précéda la venue de l'Esprit-Saint.

Les hommes entendent ces choses par à peu près, et se scandalisent. À nous, disent-ils, les moines donnent l'argent, mais ils se réservent l'or. Faut-il cependant s'étonner que saint Paul ait été ravi au troisième ciel, qui symbolise la vie des contemplatifs ? L'apôtre dit avoir entendu là des paroles secrètes qui ne peuvent être dites à l'homme. Mais jusqu'où ? Est-ce jusqu'à l'éternité ? Il s'en faut. Mais jusqu'au temps qui est près de finir. Et comme Moïse se posa un voile sur la face pour que les fils d'Israël ne puissent lire en lui, ainsi en cet endroit de son texte, Paul se pose un voile sur le visage. Mais, comme le voile de Moïse a été annulé par le Christ, ainsi le voile de Paul sera annulé par l'Esprit-Saint. Car le premier ciel fut l'ancien Testament qui fut composé par les Patriarches ; le second ciel est le Nouveau Testament, qui a été composé par les Apôtres ; le troisième ciel est celui de la compréhension spirituelle, qui nous apprendra à sortir d'Égypte, du siècle présent, et à passer par le difficile chemin du désert qui conduit à la vie véritable, pour parvenir enfin à la Jérusalem céleste.

Sortir de la synagogue des Juifs, cela est l'affaire des

chrétiens. Les juifs, étant charnels, sont comparables aux Égyptiens ; les apôtres et leurs successeurs, au travers des mille tribulations des temps, parvinrent à conquérir l'Empire de Rome, et depuis les jours de saint Sylvestre jusqu'au jour présent, Pierre le Pêcheur apparaît maître de la Ville éternelle ; ainsi nous-mêmes, au travers de combien de tribulations, nous marchons vers la Jérusalem céleste, soit, même pour un temps, vers cette paix bienheureuse qui s'imposera au cours du troisième état, vers ce règne pacifique dont l'ange de Daniel a dit : « Le Royaume qui est au-dessus de tous les cieux sera donné au peuple des saints les plus élevés en béatitude. »

Pourquoi s'indigne-t-on contre moi, si je préfère le célibat au mariage et la contemplation au travail ? Si je dis de ceux-là qui suivent le Fils de l'Homme : « Les fils des hommes ont espéré dans l'asile de tes ailes ; ils se sont enivrés de l'abondance de ta demeure, et tu les as abreuvés du torrent de ta joie ? » Est-ce que l'on ne trouverait pas juste que celui qui méprisa, pour servir la cause de Dieu, les mols vêtements, soit digne d'être vêtu de ses ailes ? Que celui qui refusa le breuvage du vin reçoive l'ivresse de l'esprit ? Que celui qui rejeta la volupté de la chair soit abreuvé du torrent de la volupté spirituelle ? Si tu es méchamment envieux écoute la sentence de vérité qui te confond et qui dit : « Si ton œil droit te scandalise, arrache-le et jette-le loin de toi », car il est meilleur pour toi d'entrer borgne dans la vie paradisiaque que d'être jeté, avec tes deux yeux, dans la géhenne de feu. Mais, si au contraire, tu es seulement envieux d'entrer dans ce royaume supérieur, qui donc t'empêche d'entrer ? Il est fini, le repas privé du roi Assuérus[212] : voici que la table du festin est dressée sur la place publique. Presque personne n'est empêché d'entrer, du plus grand au plus petit.

Si tu es marié, sois moine par le cœur, t'observant sans cesse pour vivre sans péché. Use de ta femme, mais honnêtement, ou dans le seul but de procréer — si tel tu es, telle elle sera —, ou dans un sentiment de crainte, en accomplissant ton devoir avec modestie, car celui qui laisse entrevoir une faiblesse est aussitôt attaqué par Satan. Va à l'église aux heures fixées, tiens-toi devant l'autel dans un silence recueilli dès que la liturgie l'exige. Loue Dieu avec ceux qui le louent, sinon autant que tu le désirerais, du moins autant que tu le pourras.

Si tu es un clerc et que tu sois jaloux des moines, qui t'empêche de t'asseoir au festin mystique ? Mais si tu es retenu par l'affection spirituelle pour les ouailles que tu fais avancer dans les voies divines, du moins sois moine par le cœur et par la continence. Use honnêtement des choses que tu ne peux négliger pour la cause de Dieu, afin que tout entier et intègre, tu suives le Christ[213].

La sainte trinité

Les Pères catholiques nous enseignent, par tradition, que le Père fut le principe du Fils, le Fils conjointement avec le Père le principe du Saint-Esprit. Donc le Père est principe ; le Fils est également principe. Le Fils, dis-je, est principe par le principe du Père ; cependant il n'y a pas là deux principes coexistants. Mais un seul principe. Mais de quoi reconnaissons-nous alors que l'Esprit-Saint est le principe ? Le principe de tous les biens qui découlent de lui, le principe de tous les êtres qu'il a créés, comme Dieu tout-puissant, pour sa propre glorification. Augustin le dit dans son cinquième livre sur la Trinité. Si quelqu'un subsiste en lui-même et engendre quelqu'un ou le produit, il est le principe de ce qu'il engendre ou de ce qu'il produit. Nous ne pouvons donc nier logiquement que l'Esprit-Saint soit un véritable principe, puisque nous ne séparons pas son idée de la dénomination de créateur. Il est écrit de lui, en effet : Il produit toutes choses en tous, et il produit en persistant dans son être, car il ne se transforme ni ne se change dans l'un ou l'autre des êtres qu'il produit. Et il ne se transforme lui-même en aucune partie ou qualité de ces êtres. Voyez son œuvre : à chacun l'esprit se manifeste dans son propre intérêt ; l'un reçoit de lui le don de science, d'autres reçoivent le don de sagesse, d'autres le don de foi, et tous le reçoivent du même Esprit. Mais l'unique et même Esprit produit toutes ces choses, en divisant son essence ainsi qu'il le veut, comme Dieu lui-même. Et qui donc pourrait agir de la sorte, véritablement, si ce n'est Dieu ? Mais si l'Esprit-Saint est bien considéré en toute logique comme le principe de toutes choses, qui donc oserait dès lors nier qu'il soit le principe de l'humanité en Jésus-Christ ?...

Marie porte dans son sein par l'Esprit, et ce qui naît d'elle naît de l'Esprit. Dans l'Évangile, l'ange dit à Marie : « Le Saint-Esprit t'enveloppera et la puissance du Très-Haut passera sur toi comme une ombre ». Et dans le symbole, que lisons-nous ? Je crois en Jésus-Christ, son Fils, qui a été conçu par le Saint-Esprit dans le sein de la Vierge Marie ». 0 admirable mystère ! Le Fils unique de Dieu descendu en ce monde revêt la nature humaine dans l'unité de sa personne, puisque celui dont le fils n'était pas encore homme, il en fut le fils une fois qu'il fut fait homme.

Joachim, après l'éloge de la vie contemplative, après ses méditations sur Dieu, énumère les différentes sortes de compréhension qui permettent à l'esprit de saisir, par une interprétation de plus en plus élevée et subtile, le symbolisme des êtres et des événements.

De la mystique[214]

Cinquième compréhension intellectuelle : on la désigne sous le nom de mystique.

Elle est ainsi nommée parce qu'aucune autre compréhension intellectuelle ne s'élève au-dessus d'elle. Elle donne, assurément, l'explication supérieure : qui donc, en effet, peut être plus haut que Dieu ?

Sur le plan mystique, selon cette compréhension,

Abraham symbolise Dieu le Père ; sa servante, la Jérusalem terrestre qui est rejetée avec ses fils ; mais l'épouse libre, elle, symbolise la Jérusalem céleste, la parfaite vision de la paix divine après laquelle soupirent les âmes des élus, et dont les fils ne se marient ni les filles ne sont mariées, vivant, comme les anges de Dieu dans le ciel. Ceux-ci sont les fils de Dieu comme ils furent les fils de la résurrection.

Les trois dernières compréhensions intellectuelles se rapportent à la foi, à l'espérance et à la charité.

La métaphysique, en effet, correspond à la foi, foi par l'audition, mais audition par la parole du Christ.

La contemplation correspond à l'espérance, parce que nous cherchons à voir ce que nous aimons et comprenons.

La mystique, enfin, correspond à la charité, parce que c'est Dieu que nous cherchons par elle. Il est charité ; et qui possède la charité possède en elle tout ce qu'il cherche. Car si les dons du Saint-Esprit qui furent donnés aux disciples le jour de la Pentecôte, et qui doivent être dispensés à tous les élus au jour suprême, sont désignés librement, dans le Fils, le premier et le plus éminent en est la charité ; et il est permis de croire que, pareille à la charité qui est le couronnement des préceptes, la compréhension mystique est l'aboutissant des cinq compréhensions qui sont décrites plus haut, et que nulle autre ne lui apparaît supérieure.

Cependant, pour que nous n'hésitions pas à connaître les chefs de ces cinq compréhensions[215], il est bon de savoir que la première d'entre elles, que l'on nomme l'historique, est particulièrement symbolisée par les deux fils de Tharé, Abraham et son neveu Loth, qui sont partis avec lui d'Ur en Chaldée afin de se rendre dans la terre de Chanaan : Tharé n'y parvint point, ne put aller que jusque dans le pays d'Aram, et y mourut.

La seconde, que nous appelons la morale, est symbolisée par les deux épouses d'Abraham. Abraham parvint, lui, jusqu'à la terre de promission ; et par ce symbole il faut comprendre le début de la compréhension spirituelle.

La troisième, que nous appelons la métaphysique, est symbolisée par les deux fils d'Isaac, dont le plus jeune reçut la bénédiction due à l'aîné. Car Esaü signifie le système charnel attaché à la lettre, qui tue ; et Jacob signifie le système de l'esprit, parce que ce fut la grâce, et non la sagesse humaine, qui l'inspira.

La quatrième, que nous nommons la contemplation, est symbolisée par les deux épouses de Jacob ; la première, qui s'appelait Lia, signifie la vie des moines conventuels ; la seconde, dont le nom est Rachel, signifie la vie des ermites qui ne contemplent que les choses célestes.

La cinquième, qui s'appelle mystique, est symbolisée par les deux fils de Joseph ; le premier qui s'appelait Manassé signifie la vie temporelle ; le second, qui s'appelait Ephraïm, signifie la bienheureuse vie céleste dont jouissent les saints anges et les âmes des justes.

L'ascension de ces compréhensions intellectuelles se produit vers le sens mystique, qui est le cinquième en comptant à partir de l'historique, et constitue la compréhension supérieure.

Et combien apparaît admirable, dans ce mystère, le fait qu'alternativement se succèdent, pour symboliser ces différentes compréhensions intellectuelles, des femmes et des hommes ! Ainsi, au premier degré, s'avancent d'abord deux hommes ; au second leur succèdent deux femmes ; au troisième deux hommes ; au quatrième deux femmes ; au cinquième deux hommes. Mais pourquoi cette alternance ? C'est que nous voyons bien qu'une signification virile est nécessaire dans les premier, troisième et cinquième degrés ; en effet l'époux, auquel convient la compréhension historique, conserve sous sa discipline son épouse et sa famille ; et dans le même ordre d'idées, le docteur, auquel se rapporte la métaphysique, garde et gouverne la doctrine qu'il enseigne dans l'Église, et que, sortant de ce monde et marchant vers la patrie de ceux qu'il dirigea dans l^e siècle, il commence ainsi à être un père, un maître... Il faut, à ce sujet, se rappeler et comprendre cette double règle : le repos dans la contemplation fut souvent accusé de paresse à cause des soucis de ceux qui travaillent, et le souci de ceux qui travaillent est toujours tempéré par le calme de ceux qui contemplent.

Mais laissons là ce sujet dont nous avons assez parlé en ce chapitre. Nous devons aborder maintenant la compréhension symbolique dont nous disons qu'elle comporte sept aspects.

Les sept aspects de l'interprétation symbolique

Sous le premier aspect de l'intelligence symbolique, Abraham symbolise les pontifes juifs. Agar signifie le peuple d'Israël. Sara, la tribu de Levi qui a été constituée pour vivre du labeur des fils d'Israël.

Sous le second aspect, Abraham symbolise les évêques, Agar, l'église des Laïcs, Sara, l'église des Clercs.

Sous le troisième aspect, Abraham symbolise les anachorètes. Agar, l'église des convers, Sara, l'église des moines. Par la suite chacune de ces églises eut ses enfants, semblables à elle, institués par elle.

Sous le quatrième aspect, Abraham symbolise les pontifes juifs et les évêques grecs. Agar, la synagogue juive, Sara l'église grecque. C'est en raison de cela qu'il est dit par l'apôtre : « La force de Dieu est dans l'Évangile pour le salut de tout croyant : les juifs d'abord, les Grecs ensuite ».

Sous le cinquième aspect, Abraham symbolise les pontifes juifs et les évêques latins. Agar signifie la synagogue, ainsi que précédemment, Sara, l'église latine.

Sous le sixième aspect, Abraham symbolise les prélats du second et du troisième état. Agar, l'Église militante qui vit et combat de nos jours. Sara, l'Église de ceux qui jouissent de la paix — de cette paix dont le règne s'étendra au cours du troisième état, quand le grand sabbat sera donné au peuple de Dieu...

Il reste, maintenant, à considérer le symbolisme du septième aspect, dans lequel tout s'achève en cette paix suprême. Sous cet aspect, le patriarche Abraham symbolise Dieu le Père, ainsi que tous les prélats qui se succédèrent et se succéderont du commencement à la fin du monde. Sous ce même aspect, toute l'Église des élus, des débuts jusqu'aux derniers jours, est symbolisée par l'esclave, et celle qui est la Jérusalem céleste, notre mère, est symbolisée par l'épouse libre. Car ainsi que sous le quatrième et cinquième aspect l'Église est jointe à la synagogue, sous le sixième l'église des moines à l'église des clercs, ainsi sous le septième se trouve jointe à l'église de ceux qui voyagent encore celle qui est véritablement la Jérusalem céleste, et dont les fils sont les fils de la résurrection. Mais que l'on ne confonde pas cette compréhension totale de la cité mystérieuse avec la vie contemplative : autre chose est la vision qu'ont les saints de cette cité, autre chose la cité elle-même ; car là paraît la vie de ceux qui songent à cette cité ; ici paraît ce qu'est en réalité cette cité, notre mère.

Donc, sous cet ultime aspect, le patriarche symbolise tous les prélats depuis le commencement du monde jusqu'à la fin. L'esclave symbolise la synagogue, en même temps que cette partie de l'église du second état qui relève de Pierre[216]. L'épouse libre symbolise cette part qui relève de Jean[217] avec toute l'Église du troisième état qui, elle-même, relève également de Jean. Et dans le premier état, seule existe l'Église militante ; dans le troisième, seule l'Église triomphante ; mais dans le second état une part appartient à l'Église militante, et l'autre part à l'Église triomphante.

210 Isaïe : « Je sens le fil de ma vie coupé comme par un tisserand qui me retrancherait de sa trame. »
211 La composition de ce volume et le goût qu'il avait pour la psalmodie ont valu à Joachim de figurer dans la *Biographie universelle des Musiciens* de Fétis.
212 Esth. « La troisième année de son règne, Assuérus fit un festin à tous ses princes et à tous ses serviteurs... Lorsque ces jours furent écoulés, le roi fit pour tout le peuple qui se trouvait à Suse, depuis le plus grand jusqu'au plus petit, un festin qui dura sept jours, dans la cour du jardin de la maison royale. » I,-3 et I,-5.
213 L'éloge des Grands Ordres, la prédiction de leur puissance future avaient vivement frappé les moines. Chaque ordre voulait avoir été désigné par Joachim.
214 « Anagogen vero dicitur « sursum ductio » unde anagogicus sensus dici.tur qui a visibilis ducit ad invisibilem id est angelicam naturam significat a principio factum. » Hugues de Saint-Victor.
215 Ces cinq compréhensions se succèdent : *ut Hierusalem intelligitur historialiter civitas terrena*, écrivait Hugues de Saint-Victor ; *allégorice Ecclesia ; tropologica anima fidelis, anagogice, cœlestis patria.*
216 Pour Joachim de Flore, saint Pierre symbolise la vie active. Il rapproche des cinq églises les cinq sens.
217 Comme Saint Pierre la vie active, saint Jean symbolise la vie contemplative, et Joachim de Flore rapproche des sept vertus les sept églises. Comparant les deux Apôtres, il tire du fait que Jean a vécu beaucoup plus vieux que Pierre cette conclusion que l'église contemplative survivra à l'église des clercs.

ANNEXES

Lettre prologue de Joachim de Flore figurant en tête du Livre de la Concorde

À tous ceux qui prendront connaissance des présentes, moi, frère Joachim, dit abbé de Flore, j'adresse en Dieu un salut éternel.

Ainsi que l'on peut s'en rendre compte par les lettres déjà anciennes du pape Clément, classées aux archives de l'Ordre, j'ai été en quelque sorte mandaté par notre père le Pape Lucius et notre père le Pape Urbain pour écrire quelques ouvrages propres à glorifier Dieu et à édifier les lecteurs. Je les ai écrits, et je ne manque point d'en écrire encore. Ainsi ai-je mené à leur fin, dans la mesure où m'inspirèrent Dieu et mon faible génie, le livre de la Concorde, divisé en cinq livres, l'Exposition de l'Apocalypse, divisé en huit parties, et le Psaltérion à dix cordes, divisé en trois livres, plus quelques opuscules rédigés contre les juifs et contre les adversaires de la foi catholique, et tant que mon âme habitera mon corps, je m'efforcerai de composer d'autres œuvres capables d'exalter les sentiments de piété des croyants, et surtout de concourir à l'édification des moines. Mais la brièveté du temps ne m'a jamais permis de soumettre ces ouvrages — exception faite pour la Concorde — au jugement du Saint-Siège apostolique, afin d'y faire apporter par l'autorité souveraine les corrections nécessaires. Je ne nie pas, en effet, qu'il ne s'y soit glissé quelques erreurs, encore qu'en toute conscience je n'y trouve, quant à moi, rien à y reprendre.

Le nombre des jours dévolus à l'homme est incertain. Donc, s'il m'arrivait de sortir de la lumière mortelle avant d'avoir pu faire procéder moi-même à cet examen, je désire que mon œuvre entier, cet œuvre que j'ai accepté d'écrire dans ces conditions précises, soit de toute façon présentée à l'autorité suprême. En conséquence, au nom du Dieu tout-puissant, j'ordonne aux abbés des monastères de l'Ordre, aux prieurs, ainsi qu'à tous les autres frères qui vivent dans la crainte du Seigneur, je vais plus loin : je leur ordonne par toute l'autorité dont je suis revêtu à leur égard, de prendre une copie des œuvres que j'énumère dans ce testament, et de celles que j'aurais, sans conteste possible, écrites depuis la présente date jusqu'au jour de ma mort, de mettre les originaux en lieu sûr, et d'aller présenter ainsi l'ensemble de mon œuvre, dans le plus bref délai possible, à l'examen pontifical. Mes représentants devront alors recevoir les reproches éventuels du Saint-Siège avec l'humilité que j'eusse mis moi-même à les accepter. Ils devront, en même temps, exposer ma dévotion au Pontife romain, attester la pureté de ma foi, déclarer que j'ai toujours été disposé à accepter ce qu'il a décidé, comme ce qu'il décidera. Ils devront affirmer que jamais je n'ai songé à défendre mes opinions personnelles contre ses propres définitions de la foi ; que j'ai cru intégralement ce qu'il croit, qu'en matière de mœurs aussi bien qu'en matière de loi, j'ai toujours admis ce qu'il admettait, rejeté ce qu'il rejetait. Ils devront enfin assurer que j'ai cru avec fermeté que les portes de l'Enfer ne prévaudront pas contre l'Église, et que si, à certaines heures, elle peut être troublée et agitée par des orages, elle résistera dans la foi jusqu'à la consommation des siècles.

> CONFIRMATION. J'ai rédigé cet acte, moi, l'abbé Joachim, et l'ai authentifié de ma propre main, l'an douze cent de l'Incarnation de Dieu ; et je déclare que ma profession de foi s'y trouve pleine et entière.
>
> SIGNATURE. Moi, frère Joachim, abbé de Flore.

Brève admonition du souverain pontife afin que Joachim achève au plus tôt l'exposition de

l'apocalypse et se présente au siège apostolique

Clément, évêque, serviteur des serviteurs de Dieu, à notre cher fils Joachim, salut et bénédiction apostolique.

La règle canonique, aussi bien que l'évangélique devoir de charité, nous conseillent de garder dans toutes nos actions le sens véritable de l'Évangile, afin que nos bonnes œuvres brillent devant les hommes et qu'ils puisent en elles un thème de perfectionnement et la valeur d'un exemple. Donc, puisqu'exhorté et approuvé par notre prédécesseur le Pape Lucius, d'heureuse mémoire, vous avez entrepris un ouvrage sur la Concorde des Deux Testaments et une Explication de l'Apocalypse et que vous avez plus tard continué ces travaux sous l'autorité du Pape Urbain, son successeur, nous avertissons votre charité, par l'envoi de ces lettres apostoliques qui vous apportent nos exhortations, de la nécessité où vous vous trouvez d'achever, de mettre au point ces ouvrages, avec la grâce de Dieu, pour l'édification du prochain, et de venir, aussitôt que le voyage vous sera possible, présenter votre œuvre à la critique et au jugement du siège apostolique. Si vous vouliez l'enfouir dans une cachette, comment pourriez-vous, en effet, apaiser le Père de famille, quand il vous réclamera le talent de science qu'il vous a compté ? Donné…, etc.

Édition de Venise, 1527.

Prophétie découverte par le frère Gérard de l'ordre des frères mineurs[218]

… Le frère Gérard, qui fut ensuite ministre général de tout l'ordre des frères mineurs et professeur éminent de l'Université de Paris, raconte qu'il a trouvé dans les livres de Daniel et de Joachim les détails suivants sur le jour du Jugement, sans affirmer toutefois qu'il les tint pour véridiques. Donc il avait découvert des ouvrages où se trouvaient consignés quelques-uns des signes qui seront les avant-coureurs du jour du jugement, quelques-uns de ceux qui se produiront pendant le jour du Jugement, et quelques autres qui suivront le Jugement.

Cinq guerres précéderont ce jour terrible. La première sera déchaînée entre les paysans et les clercs ; les paysans vaincront complètement les clercs et l'Église romaine au point que les tonsurés laisseront repousser leurs cheveux. La seconde guerre aura lieu entre les laïcs et l'Église, se déroulera de la même manière, et ni le Pape ni les Cardinaux n'oseront se montrer. La troisième guerre aura lieu entre les paysans et les nobles. Les paysans écraseront les nobles, et de cette victoire sortira l'égalité[219] : tous seront égaux. La quatrième guerre aura lieu entre les chrétiens et les sarrasins, les chrétiens seront vaincus, et payeront pendant longtemps un tribut aux sarrasins. Ensuite surgiront deux rois chrétiens, l'un en Grèce, l'autre en Italie ; fidèles au Christ, ils combattront les sarrasins et renverseront la situation : alors, comme les chrétiens devaient payer un tribut aux sarrasins, ce sont les sarrasins échappés à cette guerre qui paieront une redevance aux chrétiens.

Ceci fait, les deux rois éliront, avec le concours des peuples, huit autres rois : ils seront ainsi dix princes. Ceux-ci et tous les chrétiens choisiront ensuite un empereur romain qui, ferme dans la foi, fera peindre sur un bouclier trois hommes, deux en abîme et un au chef, afin de signifier qu'il est lui-même le maître, au-dessus des rois et des fidèles. Puis l'Empereur et tous les chrétiens prendront la croix du Christ et se rendront à Jérusalem. Dans cette ville l'Empereur fixera sa demeure, et le monde entier sera en paix. Et toutes choses seront une, et chacun aimera son prochain comme le Père aime le Fils. Cela durera longtemps.

Ensuite naîtra l'Antéchrist.

Lettres du pape Alexandre IV à l'évêque de

Paris[220] pour lui donner des instructions à la suite de la condamnation de l'Évangile éternel[221]

1255, 23 octobre, Anagni

Alexandre, évêque, serviteur des serviteurs de Dieu, au vénérable frère évêque de Paris, salut et bénédiction apostolique. Après avoir pris conseil de nos frères, nous déclarons condamner un certain livre publié sous le titre d'*Introduction à l'Évangile éternel* avec plusieurs œuvres de l'abbé Joachim, que vous aviez déféré à notre prédécesseur[222], d'heureuse mémoire, et que nous avons fait examiner soigneusement par nos vénérables frères les évêques de Tusculanum[223] et de Preneste[224], et par notre cher fils H, cardinal[225]. Et nous condamnons pareillement des notes qui ne sont pas contenues dans ce livre, ou, du moins dont on prétend qu'elles ont été frauduleusement ajoutées à son texte[226], mais que de trop nombreux fidèles acceptent. Pour ces raisons, nous mandons à votre fraternité, par ces écrits apostoliques, de faire détruire, au nom de notre autorité pontificale, ce livre lui-même et toutes les notes susdites, en proférant l'excommunication générale contre tous ceux qui les auraient conservés, livres ou notes, à moins que, dans un certain délai que vous fixerez, les détenteurs ne vous les remettent pour les détruire complètement. Vous aurez à publier cette sentence avec toute la solennité désirable dans tous les lieux où vous le jugerez expédient. Donné à Anagni, le dix des calendes de novembre, dans la première année de notre pontificat.

1255, 4 novembre.

Alexandre, évêque, serviteur des serviteurs de Dieu au vénérable frère évêque de Paris, salut et bénédiction apostolique[227]...

Comme donc nous vous avons demandé par nos lettres de faire détruire, au nom de notre autorité pontificale, ce livre et toutes les notes susvisées, et de proférer l'excommunication générale contre tous ceux qui les conservent, livres ou notes, à moins dans un certain délai que vous demeurez libre de fixer, leurs détenteurs ne vous les remettent pour une destruction complète, et de faire publier solennellement cette sentence dans tous les lieux où vous le jugerez expédient, nous voulons, et nous mandons à votre fraternité, par ces écrits apostoliques, que vous vous attachiez à poursuivre l'exécution de ces ordres. Mais parce que nous voulons également que la réputation et la renommée des pauvres du Christ, en d'autres termes de nos très chers fils les frères de l'ordre des Mineurs, soient toujours parfaites et pures, nous désirons que vous poursuiviez cette affaire avec une affection paternelle et une bienveillance spéciale, et nous vous l'ordonnons par les présentes. Vous aurez donc à vous avancer avec prudence, précaution, prévoyance, dans l'exécution de ces mandements pontificaux. Car lesdits frères ne doivent encourir à la suite de celle affaire ni opprobre ni infamie, pour mieux dire ne doivent être frappés d'aucun stigmate déshonorant et leurs contradicteurs, leurs adversaires, ne doivent trouver en ceci nulle matière à les déprécier. Donné à Anagni, etc.

218 Cette prophétie a été publiée dans l'édition de Venise, à la suite du *Psaltérion*. Elle montre bien quel parti les mathématiciens de la mystique tiraient des œuvres de Joachim et quelle autorité ils leur reconnaissaient.
219 Cette phrase ouvre un jour assez curieux sur les idées de certains religieux que la communauté monastique inclinait à des idées sociales révolutionnaires. L'égalité du couvent, image de la vie parfaite, aboutissait logiquement à l'égalité des hommes dans la vie économique. Si la règle acceptée par les moines est l'idéal humain, pourquoi ne s'appliquerait-elle pas à l'humanité entière ?
220 Renaud Mignon de Corbeil, évêque de Paris de 1250 à 1268.
221 Ces lettres ont été traduites sur le texte recueilli dans le *Chartularium universitalis Parisiensis*, t. 1.

222 Innocent IV.

223 Eudes de Châteauroux, Cardinal Évêque de Tusculanum, successeur de Jacques de Vitri. Ce prélat était originaire de Châteauroux. Après avoir été chanoine et chancelier de l'Église de Paris, il fut nommé Cardinal, puis revint dans la capitale française en 1245, en qualité de Légat chargé de prêcher la croisade. À cet effet il exhorta les nobles et les hauts ecclésiastiques réunis à Saint-Denis par Louis IX. Il prit ensuite part à la croisade aux côtés de ce roi et fut désigné pendant son séjour à Chypre pour arbitrer plusieurs conflits entre croisés.

224 Etienne de Preneste appartenait à une famille hongroise. Cardinal-évêque, il fit partie, en 1261, de l'assemblée de Viterbe, composée de huit cardinaux, qui élut pape Jacques Pentaleon, patriarche de Jérusalem.

225 Hugues de Saint-Cher, originaire de Saint-Cher, dans la banlieue de Vienne, en Dauphiné, fut d'abord professeur de droit civil et canonique. En 1225, il se fit recevoir dans l'ordre de saint Dominique. En 1227, il est désigné comme provincial de France ; en 1230, il est élu prieur de la maison de Saint-Jacques, à Paris. En 1238 il assiste au Chapitre de Bologne. En 1240, il est à Liège pour une enquête théologique. En 1241, il est vicaire général de l'Ordre, et remplit l'intérim du généralat depuis la retraite de Raymond de Peynafort jusqu'à l'élection de Jean de Widelshasen. En 1244, il est créé par Innocent IV, cardinal prêtre au titre de l'église de Sainte-Sabine ; il est ensuite mêlé à toute la politique romaine et va en mission en Allemagne, comme légat, après la disparition de Frédéric II. Il mourut à Orvieto, le 19 mars 1263. Son autorité théologique était considérable. À la suite de Julienne du Mont-Cornillon, il fut un des promoteurs de la fête du Saint-Sacrement ; il siégea au tribunal d'Anagni. Enfin il établit une copie de la Bible avec variantes, composa des gloses de l'Ancien et du Nouveau Testament et des commentaires des sentences de Pierre Lombard. Son titre scientifique le plus sûr demeure la création des répertoires. Sur ce point, cf. l'étude de Daunou : *Hist. Litt. de la France*, XIX. Hugues de Saint-Cher est une des hautes figures de l'Église du XIIIe siècle.

226 Il s'agit évidemment des interpolations pratiquées par Frère Gérard.

227 Le début de cette lettre reproduit les premières lignes de la lettre précédente.

BIBLIOGRAPHIE

Les traductions d'Emmanuel Aegerter ont été réalisées à partir des éditions suivantes :

CONCORDIE NOVI AC VETERIS TESTAMENTI

La traduction de la Concorde a été faite sur l'édition de Venise de 1519. Divini abbatis Joachim Liber Concordie Novi ac Veteris Testamenti, nunc primo impressus et in lucem editus, opere equidem divinum ac aliorurn fere omnium tractatuum suorum fundamentale, divinorum eloquiorum obscura elucidens, archana referans necnon eorundem curiosis sitisbundisque mentibus non minus satietatem afferens. In fine a Venitis completum fuit hoc opus pe Simonem de Luere, 13 aprilis 1519. Venitiis 1519- in-4-4 ff. non chiffrés, 135 ff. chiffrés.

EXPOSITIO IN APOCALIPSIM

Expositio magni prophete Abbatis Joachim in Apocalipsim, opus illud celebre, aurea verum ac pre ceteris longe altior et profundior explanatio in Apocalipsim abbatis Joachim de statu universali reipublice christiane, de que Ecclesia carnali in proximo reformanda... Cui adjecta sunt : ejusdem Psalterium decem cordarum, opus propre divinum ; Lectura item perlucida in Apocalipsim... Philippi de Mantua... Index quoque summarius pulchriora universa deflorens (Silvester Meuccius de Castilione Aretino edidit) Fol. 224 2° Explicit admiranda expositio venerabilis Abbatis Joachim in librum Apocalipsis beati Ioannis Apostoli et Evangelistes. Venetiis, in edibus Francisci Bondoni ac Maphei Pasini socii, anno Domini 1527 die vero Septime februarii, Folio 225 2°.

PSALTERION DECEM CORDARUM

Psalterion decem cordarum abbati Joachim, in quo de summa Trinitate ejusque distinctione perpulchre indagatur, de numero Psalmorum et eorum archanis ac mysticis sensibus, de psalmodia, de modo et usu psallendi simul et psallentium. Fol. 279 2° : Prophetia inventa per Fratrem Gerardum Odonis, ordinis Mino.rum. Folio 279 2° : Incipit Hymnus ejusdem abba.tis Joachim de patria celeste. Fol. 280 : Incipit visio ejusdem... de gloria Paradisi. Fol. 280 v ° : Venitiis, in œdibus Francixi Bindoni et Maphei Pasini sociorum, anno Domini 1527 : die XVIII mensis Martii. In fine : Venitiis, in caleographia Francisci Bindoni et Maphei Pasini, sociorum impressum, expensis vero heredum G.O. Octaviani Seoti, civis modœtiensis ac sociorum, anno salutifere Incarnationis 1527, die vero XVII mensis Aprilis — Venitiis, in-4° — Pièces liminaires 280 ff et la table fig.